RUHSAL HARİTAM TOHUMDAN ÇATLAMAK
Kevser Demet

Yayın Yönetmeni: Ayşen Bozkuş
Yayıma Hazırlayan: Ayşen Bozkuş
Düzenleme: Beyza Keskin
Kapak Tasarımı ve Sayfa Düzeni: Elif Kar

1. Baskı, Nisan 2021, İstanbul
ISBN: 978-625-7099-36-3

Sertifika No: 46603

Müptela™ Penguen Kitap - Kaset Bas. Yay. Paz. Tic. A. Ş.'nin tescilli markasıdır.
Caferağa Mah. Neşe Sok. 1907 Apt. No: 31 Moda, Kadıköy - İstanbul
Tel: (0216) 348 36 97 – Faks: (0216) 449 98 34 - www.ilknokta.com

Kapak, İç Baskı: Deniz Ofset Matbaacılık
Maltepe Mah. Hastane Yolu Sok. No: 1/6 Zeytinburnu-İstanbul
Tel: (0212) 613 30 06
Sertifika No: 48625

RUHSAL HARİTAM

TOHUMDAN ÇATLAMAK

KEVSER DEMET

müptela

"Sen dünyaya atılmış bir tohum olduğunun farkına vardığında uyanışın filiz olup çiçeklenecek tüm evrene. Unutma,
hepimiz açmak üzere atılan tohumlarız dünyaya. Bir iyilik, belki bir iyi niyet düşüncesi uyandıracak seni ve çiçek çiçek yeşereceksin."

Giriş

İstenmeyen bir hamileliğin eseriydim ben! Cehaletin altıncı tohumuydum. Annem her fırsatta anlatırdı çekinmeden bana, "Seni düşürmek için neler yaptım da yine de düşmedin," diye. İlaçlar içmiş, yüksek mutfak tezgâhından atlamış, sırtını ablama çiğnetmiş ama yine de düşmemiş bir evlat olarak geldim ben dünyaya. Zihnimde açılan derin oyuklar daha anne karnındayken DNA'ma kadar işlenmişti. İstenmek nasıl bir duygu? Bunu hiçbir zaman bilemeyeceğim.

Hayatım boyunca eğreti emanet ailelerim de oldu benim. Kim ne kadar açarsa kapısını artık, o aralık çizgisinde haddimi aşmadan durmayı daha anne karnında zaten öğrenmiştim. En ufak sevgiyi ve yakınlığı aile sıcaklığı zannettim. Başka başka insanlarda annemi aradım. Birden çok annem oldu; kimisi arkadaşımın annesi, kimisi komşu teyzemiz, kimisi bir dost, kimisi de aile ahbabıydı. Hepsinin de emeği vardı üzerimde. Anne sıcaklığında dokundular ama aynı koşulla hiçbir zaman beni saramadılar. Kendi evlatları tabii ki benden önceydi, öncelikleriydi. Ne haddime, asla! Ne gönül koyacak kadar nankördüm ne de bunu kendi annem vermezken emanet ailemden bekleyecek kadar cahildim. Tek tek koklamaya devam ettim insanları, annemi arıyordum bıkmadan.

Tuhaf bir güdüyle ve hiçbir zaman nereye ait olduğumu bilmeden büyüyordum. Benim gerçekten kendimi ait hissettiğim bir evim olmadı!

Haziran'ın 18'inde ikindi vakti sancısı başlamış annemin. Yüzü ekşimiş, tüm işleri de hay aksi benim yüzümden, yarım kalmıştı. Sokağın ortasındaki devasa büyüklükteki kazan, bulgur kaynatılmak üzere tam da yeni kurulmuş ve ben de gelmek için annemin o anki işine denk gelmiştim. Suyu boşalmış aniden, üzerindeki dallı güllü şalvarı kesedeki doğum suyu ile dolmuş ve olduğu yere çökmüş annem. Öyle ya gelmenin sırası mıydı şimdi? Bunca işin gücün arasında bir ben eksiktim. Zaten canı burnunda! Bu kışlık hazırlıkları bitirmek mecburiyetindeyken, sokağın tam ortasındaki bulgur kazanının altı ateşe verilmişken sancısı başlamıştı. Komşular bir telaş el atıvermiş işlere, mahalledeki bütün kadınların genel kontrollerini ve gebeliklerini takip eden Sütçü İmam Mahallesi'ne bağlı sağlık ocağının ebesi olan meşhur Lütfiye Ebe'ye haber gönderilmiş. Artık neredeyse tüm mahallenin ebesi olan Lütfiye Ebe, benim de ebemdi. Kısacası serin bir yaz akşamında açtım ben gözlerimi dünyaya. Haziran'ın 18 idi ve ben geldim.

Kahramanmaraş'ta yaz aylarında kışlık erzaklar yerel halk tarafından yapılır. Bulgur kaynatılıp değirmene yollanır. Tek tek döverekten değirmen taşı, bulgurunu ve ince simidini birbirinden ayrıştırır. Bu sıkı işlemden sonra bez çuvallara doldurulur, sepetli motorlara yüklenerek kış için artık hazır olan bulgur sahibine ulaştırılır. Tarhanalar pişer, çiğlere serilir, kurutulup fıçılara saklanır. Salçalar ezilir, damlarda suyu çektirilir ve sumak ekşileri sumakları süzdürülerek binbir emekle yine damlarda kışa tek tek hazırlanır benim doğduğum topraklarda. İşte annemin bu hazırlıklarının tam ortasına doğdum ben.

Tepemde dizili toplam beş çift meraklı göz vardı. İki ağabeyim ve üç ablam merakla bana bakıyorlardı. Arada kaynayıp büyüyecektim ben de işte aynı sizin gibi, ne vardı sanki bu kadar şaşıracak. Hayat, zaman, günler akmış gitmiş ve ben ilkokul çağına gelmiştim bile. Henüz altı veya yedi yaşlarındayım, net olarak hatırlayamıyorum, tek bildiğim okula gitmeye başladığımdı. Sihir dolu ve büyülü öyle güzel olaylara rastlıyordum ki nefes alabilmek ve dünyada var olmak acayip keyif verici geliyordu bana. Ne kadar şanslıydım! Yürüdükçe zıplayan kıvırcık saçlarım, güldükçe kaybolan minik çekik gözlerim vardı. Kocaman sevgim, kıpır kıpır yerinde duramayan bir ruhum ve insanları sevdikçe büyüyen bir kalbim vardı. Ağaçlara sarılmaya bayılırdım. Yere yatıp karıncaları seyretmeye ve yuvalarına götürecekleri kırıntıları taşımalarına yardımcı olmayı ise ayrı bir severdim. Kedilerin yavrularını korur, çiçeklerin tohumlarını saklar, büyük bir sorumluluk içerisinde kendime görev bilirdim onları sakınmayı. Kanadı kırık peri misali savunmasız her şeyi tüm kalbimle sever, sahiplenir, yüreğime basardım hep. Her yaz topladığım çiçek tohumlarını bahar geldiğinde ekip renklere bürünmesini izlemeyi o kadar büyüleyici bulurdum ki bu dönüşüm başımı döndürürdü.

***

"Doğanın süptil sesine kulak verin. O ne muhteşem bir resitaldir ki tüm bedeninizi şifa ile temizleyecektir. Yediklerinizi yaradılış yasanıza uygun bir şekilde vücudunuza gönderdiğiniz takdirde ise tüm hastalıklarınızdan arınmak mümkündür."

Orblar ile İlk Buluşma

(ORB, misket büyüklüğünde minik minik şifacı ışık enerjilerdir. Sevginin sonsuz ve koşulsuz kaynağıdır. Farklı renkleri vardır ve hepsi de organik canlılardır. Bu canlılar, fiziksel ve eterik bedene sahip bir bilinçten oluşmaktadırlar.)

Henüz tam olarak akşam olmamıştı. Güneş ağır ağır gitmeye hazırlanıyordu. O gün ilk defa Orbları görecek ve onlarla tanışacaktım. Durduğum yerde aniden bir sessizliğin içine kulak kesildim. Öyle ki o sessizliğin içine sanki ayağım kayıp düşmüştüm. Bambaşka bir boyuta açılmıştı gözlerim. Etrafım alabildiğine renkli minik kürelere benzeyen ışık varlıklar ile dolmuştu. Tiz bir ses ile süzülen o pırıltılı minik ışıklar etrafıma toplaşıyordu. O an annemin boşalmış yağ tenekelerinden kurduğu minik bahçesinde yalnızdım, sanki bir büyünün içine uyanmıştım. Kocaman bir aydınlık kapladı baktığım, gördüğüm her bir kareyi. Bu ne şahane bir parıltıydı! Büyülü bir masalın içindeydim. Şaşkındım ve o saf sevginin yüreğime doluşundan bir serçe kadar telaşlı, bir o kadar da sevinç doluydum. Huzurlu saf bir sevgi, evrenin bu şahane Orbları aracılığı ile kaynağından tüm bedenime akıyordu. Tüm hücrelerime kadar sevgi aktarılıyor ve tüm kırgınlıklarım adeta onarılıyordu. O yoğun sevgi dolu ışıklar her bir zerrem deydi artık. Bir olmuştum onlarla. Görkemli kalelerim vardı benim, tükenmez bir sevgi ile kuşatıldığım. Gücün sadece sevgiden oluştuğunu bu deneyimi yaşadığım gün anlayıp öğrendim ben, Orblarla tanıştığım gün. Artık her bir zerrem sevginin varlığı ile çalışıyordu. Kalbim bu kaynağın gücü ile atıyordu. Koca evrenin bir bütünüydüm. Bu yaşadığım büyünün tılsımını tüm dokunabildiğime aktarma görevini kabul etmiştim. Ben bir sevgi ve şifa katalizörüydüm artık. Şifa ve yardım gerektiren her duruma bu aktarımı sağlayacak sihirlere sahiptim. Sonrasında ağrıyan her bölgeye sevgiyle dokunduğum an ağrının kaybolmasını keşfetmem de çok sürmedi. Dokundukça iyileştiren, diledikçe gerçeğe dönüştüren bir büyüye sahiptim. Evrenin sonsuz kaynağına ulaşan kalbim, şifacı bir sevgi tohumuydu artık. Dünyaya açmak üzere atılan tohumlardan sadece bir tanesiydim.

Artık yalnız başımayken ışık ışık yanıma süzülen Orbları görüp, varlıklarına şahitlik ettikçe heyecandan adeta nefesim kesiliyordu. Her gece annem, babam, ablam, ağabeyim yatıp uyusalar diye sabırsızlanırdım. Hatta bir an önce yatmalarını sağlamak için ben erkenden yatağıma gider, belki böylece onlar da çabucak yatarlar diye düşünürdüm çocukça. Kendimce çözüm üretirdim işte. Çünkü el ayak çekilince odama dolan o ışıklarla oyunlar oynuyordum. Bir dolu renkli ışık huzmesi ellerimde baloncuk baloncuk olur, sessizce ve saatlerce süren oyunlarımız başlardı. Aklımın sorgulaması yok, altı yaşlarında bir çocuğun zihni ve bilinci ne olursa oydum, zihnim algılardan oluşmuyordu henüz. Sınırlama yeteneği ya da kısacası bastırılmış bir zihnim, öğretilmiş bir algım yoktu. O dönem zihin ve bilinç durumumuz sınırsızca özgür oluyor, biliyorsunuz. Benim duru görülerim ve duru duyularım bu yüzden çok normal geliyordu bana. Üstelik bunun üzerine hiç düşünmemiştim. Hem neden düşünür ki insan hep yaşadığı şeyi? Gayet normaldi bana göre. Çünkü benim gibi sanıyordum herkesi. Etrafımda olan biteni hepimiz görüyoruz zannediyordum. Sihirli durumlar yaşadığımı nereden bilebilirdim ki? Küçücük, çelimsiz, yürürken kıvırcık saçları yaylanan bir yabancıydım ben dünyaya.

Bir gece dışarıda tozu dumana katan bir rüzgâr vardı ve sokakta her bir kapının önü, boşalmış yağ kutularından çöp kovası olmaya terfi etmiş boş tenekeler ile doluydu. Zaten Kahramanmaraş'ın deli poyrazı ünlüdür. Tenekeler rüzgârın hışmından oraya buraya savruluyor, havada uçuşup yere düşüyorlardı. Bir çocuk için oldukça ürkütücü olan bu dış ses ile uyumak mümkün değildi. Benim büyüdüğüm yerde anneler yağ tenekesiyle kopmayan bir bağ oluşturmuşlardı. Ya çöp kovası ya saklama kabı olur, bulgur tarhana saklanırdı. Tabii benim annem yaratıcılığını bu tenekeler için en çok saksı yapma olayı ile perçinlemişti. Bahçemiz tenekelerden oluşan bir renk cümbüşüydü. O gece annemler yatmıştı. Ben ise rüzgârın ürkütücü sesinden uyuyamamış, odaya dolan ışık huzmeleri ile oynamaya başlamıştım. Biz normalde aynı odada üç kişi kalıyorduk; ağabeyim, ablam ve ben. Fakat o gece yalnızdım. Ağabeyim askerde olduğundan bir süredir ablam ile paylaşıyordum o odayı. Ancak ablam da evli olan diğer ablam doğum yaptığı için onlarda kalıyordu. Sonuç olarak o gece odada tek başımaydım ve rüzgârın geceye karışan sesinden korktuğum için uyuyamamıştım. Sihir dolu ışık huzmelerim imdadıma yetişmiş, ışık ışık dolmuştu çoktan odama. Çok gülmüş ve çok gürültü yapmış olmalıyım ki birdenbire annemi bulmuştum karşımda.

Fark ettim ki o gece Orbları sadece ben görüyordum. Sağlam bir azar işittikten sonra popoma sıkı bir terlik yiyip yatağı boylamıştım.

Ben emekçi bir babanın kızıyım, *tekne kazıntım* derdi bana hep. Biz, altı kardeş üç odalı müstakil bir evin o dar odalarında büyüdük. Nem kokardı ve kocaman çatlakları vardı duvarların. Minik bir bahçe oluşturmuştu annem boşalan yağ kutularından, yüzümü çevirdiğim her saksıda Vita ya da Margarin Yağı yazardı. Annem de çok yorulmuş altı çocukla ergenliği boyu uğraşmaktan. Annemin öyküsü tam Sezen Aksu'nun şarkısındaki gibi: Ünzile! Hepsini tek tek anlatacağım ilerleyen bölümlerde. Hiç sevilmeyip el kapılarında büyüdüğü için, bir evlat nasıl sevilir, görüp öğrenmediğinden bize de bunu veremedi. Bir annenin yavrusunu nasıl sevdiğini bilmiyordu annem... Besleme olarak büyüdüğü el kapısında evlat olmamıştı ki anne olmayı bilsin. İşte bu yüzden öğrenmediği bir duyguyu doğal olarak bize aktaramamış, bize geçirememişti. Ona yapılan muamelenin aynısını annem de bize yapıyordu. Çünkü bunu biliyordu ve sadece öğrendiğini yansıtıyordu. Kızmıyorum, asla sorgum yok bu konuda zira annem sevgi görmemişti. Onu iyi anlıyordum çünkü aynı şeyi bana yaşatıyordu ve bunun farkında bile değildi.

***

"Kontrol etmeyi bırak, akışta kal ve sana sunulan anahtarı görüp mesajları topla.
Nice boyutlara açılan
Kapılardan geçmek ve öte boyutların kapısını aralamak için bu mesajları kullanmayı öğren."

Şifacı Orblar

O serin temmuz akşamını anımsıyorum. Biraz bulanık, gri bir görüntü geliyor zihnime. O akşam hepimiz aynı sofraya, yeşil fasulye, bulgur pilavı, ayran ve turp ile kuru soğandan oluşan yemeğin başına toplanmıştık. Rutin bir durgunluk olurdu genelde bizim evimizde. Oldum olası negatife odaklı yaşamıştır benim ailem. Negatif enerji ve düşük titreşimli frekanstan oluşan ailemle yemeğimizi yedik. Sanki ağır çekimde yer gibiydi her bir bireyimiz. Hep umutsuz, verimsiz, mutsuzluk ile beslenen bu ruh hallerine takılmışımdır. Neden bu kadar hüzün vardı bizim evde? Hayat çok kötüydü de ben mi anlamıyordum? Bakış açıları oldum bittim olumsuzlukla beslenirdi. Ben anlam veremiyor ve yaşımın küçüklüğü nedeniyle onlara karışamıyordum. Kim altı yedi yaşlarında bir çocuğu ciddiye alıp sohbet eder ve öğretilerini dinlerdi ki?

"İnsan tercihlerinden var olur, yağmurda şemsiyeni açıp güneş çıkınca kapatmazsan güneşten faydalanman sadece sızan ışığın soluk rengi kadardır!"

Benim ailem şemsiye ile yaşamaya çalışıp güneşi görememekten şikâyet ederdi hep. Yemekler yendi, sofrayı toplayan ablalarıma çelimsiz bedenimle yardımcı olma telaşında yere serilmiş sofra bezini de ben topluyordum.

Odada kimse kalmamıştı; kimisi bulaşık yıkıyordu, kimisi elini. Annem ayazı temizliyordu ve babam da sanırım tuvaletteydi. İki numaralı ablam Hamiyet, kumral, bal gözlü, alımlı, bir o kadar da güzel bir genç kızdı. Hamiyet ablam odanın ortasına demlenmiş mis gibi kokan akşam çayımızı bırakıp mutfağa çay şekeri almak üzere gitmiş, ben de odada tek başıma kalmıştım. Bir sağa bir sola... Çocuğuz ya kurt var mübarek! Oturmak mümkün mü? Ben hoplayıp zıplarken nasıl olduysa çaydanlığa aniden ayağım dolandı ve boğazımdan aşağıya döküldü! O fokur fokur kaynar su vücudumu yakmıştı hatta yakmak kelimesi az kalır, ben resmen haşlanmıştım. Ve o an Orblar geldi, her yanım ışık ışık aydınlandı. Odama kocaman bir sihir dolmuştu yine ve ben Orbların büyüsüne dalmış, acımı hissetmiyordum. Annem gürültüye koşup içeri girdiğinde, ben hiç acı hissetmiyordum ama altımdaki pazenli pijamayı telaşla çıkarınca kalçamın kaba etleri yere yapıştı. Babamın şok olmuş yüzünü anımsıyorum. Etlerimi daha sonra yerden spatula ile kazımış babam. Tedavim için her gün mahallemizin sağlık ocağına götürmeye başlamışlardı beni.

Sağlık ocağındaki o tatlı hemşire ablalar kabaran etlerimi büyük bir titizlik içerisinde makasla kesiyor, deri altına biriken sıvıyı boşaltıyorlardı. Görenlerin yüzü ekşiyor ya da acıyarak bakıyorlardı bana. Her gün etimin kesilmesi, kalkan derilerimin sıcak suyla soyulması derken zaman geçiyordu ve benim acıya dair tek bir kaydım yok hissettiğim anılarımda. Hiç canım yanmadı, asla ağlamadım ve onca zaman sıkılmadım yatalak olmaktan. Çünkü Orblar artık hep yanımdaydı ve bana oyun arkadaşı olmuşlardı. Her gün basit bir çarşafa sarılıp vücudumdan akan sarı sular tenime yapışırken o sağlık ocağına taşıyorlardı beni. Annem çok sabır gösterdi. Hem ilaç takibime hem de hijyenime çok dikkat etti ve Orblarım da şifa enerjileri ile beni sararak eziyetsiz bir süreç geçirmemde bana yardımcı oldular. Asla canım yanmadı ve öyle bir yanıktan annem ve Orblarımın şifa ile kuşatması sayesinde tek bir iz kalmadan kurtuldum. Tenimin yeni doğan haline dönüşmesi uzun bir süre gerektirmişti. Sonradan hatta çok sonradan öğrendim ki ablam çaydanlığı oraya bırakması yüzünden babamdan düzenli olarak uzunca bir zaman suçlanarak dayak yemiş! Bunu ablam bana tam yirmi beş yıl sonra öfke ile yüzüme bakarak, adeta nefretini kusarak anlattığında tüm iliklerime kadar incinmiştim. Tüm bunları yaşamasını istemezdim.

Benim suçum değildi her gün babam tarafından dayak yemen!

Neden bana bu kadar kin tutup, bu durumu içinde büyüttün?

Bu yüzden mi abla olmayı bilemedin?

Bu yüzden mi varlığını abla gibi hissettirmedin?

Ve bu yüzden mi beni hiç sevemedin?

Senin suçlu olacağını bir an bile aklıma getirmeden bu olayı yaşayan ben, bir suçlu arayışına hiç girmedim.

Bana göre kazaydı ve benim yaramazlığımdı bu. Olaya ne babam ne de ablam gibi bakmıştım. Babam hayatta olsa gidip ablamın bu olayla alakası olmadığını ben de ona haykıracaktım ama babam maalesef ölmüştü.

"Her şey benim oyun oynama telaşımdandı baba! Ablamın hiçbir suçu yok."

"Senden özür dilerim her gün benim yüzümden dayak yediğin için abla."

Benim, yokluklarıyla terbiye edildiğim bir ailem oldu hayatım boyunca. Ellerini gerçek anlamda hiç elimde hissetmedim. Ben babama yaşadığı sürece hiç sarılamadım. Ben annem tarafından hiç dizine yatırılıp sevilmedim, onunla oturup dertleşip yüreklendirilmedim. Üç ablam vardı ama abla kavramını öğrenmedim; çok güzel bir duyguymuş kardeşlik, öyle diyorlar fakat ben bilmeden büyüdüm. Ne sırdaş oldular ne abla ne de arkadaş olmayı becerebildiler bana. Ben de küçük kardeş nasıl olunur, bunu öğrenemedim, bilemedim, bilmeden de büyüdüm. İki ağabeyim vardı bakışlarına denk düştüğümde korktuğum. Ağabey demek; güç demek, sırtında el bilmekmiş. Öyle diyorlar ancak ben bunu da bilmeden büyüdüm. Ağabey demek, bana göre sana kader biçen terzi demektir! *Sokağa çıkma, okula gitme, erkeklerle oynama* diyen kaderinin terzisi işte. Gerçeğinin nasıl bir duygu olduğunu bilmediğimden, bunlara o zamanlar hiç takılmadım. Reel bir Polyanna'ydım masallardan kaçan galiba. Bana göre ben çocuğum, onlar büyük; "Öyle olur işte!" diye düşündüm hep. Bu bana özel bir durum da değildi, bizim aile zaten kendi içinde kopuk, dağınık bir aileydi. Bir ailenin nasıl olması gerektiğini yıllar içinde çevremi gözlemlerken öğrendim. Olayların aslında annemin besleme olarak büyütülüp aile kavramını öğrenememesinden kaynaklandığını o zamanlar düşünemiyordum. Burada suçlu yok! Sevgisiz büyütülen bir kız çocuğunun anne olmayı bilemeyip ailesini kuramayışındandı hepsi. Rol model alacağı bir ortamda büyüyemeyen bir çocuğun dramının parçalarıydık.

Orbların neden sevgiyle hep yanı başımda oluşunu ise daha iyi anlıyorum artık. Yalnız değildim! Belki bir aile sevgisiyle büyütülmedim ama koskoca evren sarılmıştı bana. Ne büyük bir şansın içine düştüğümü o zamanlar bilmezken şimdi bakış açımı kullanmayı öğrendiğimden beri, dua ediyorum şansıma, rehberlerime, Orblarıma.

İnsan hem şanslı hem de şanssız olabiliyormuş aynı hayatta. Aynı kordon bağıyla bağlı olduğuna yabancı kalabiliyormuş, öğreniyordum. Şimdi bu satırları hem yazıyorum hem tenimde ellerimi gezdiriyorum, yaşım otuz yedi ve bu tenin üzerinde böyle derin yanıklar varken tek bir iz kalmaması hâlâ mucize gibi geliyor bu konuyu bilenlere. Orbların ve annemin emeğine sonsuz teşekkür ederim.

***

“Zihnine yönelip içine dön,
bulacağın o koca evren karşısında şaşıracaksın.”

Korunuyordum Rehberlerim Tarafından

Kahramanmaraş'ın deli rüzgârı tuttuğu zaman en az bir hafta esmeden gitmezdi. Başıboş bir serseri gibidir bizim oraların poyrazı. O gece aniden çıkmıştı deli poyraz ve ben bahçeden içeriye doğru koşarken inanması güç ama o boşlukta rüzgâra duvara çarpar gibi çarpmıştım. Canım çok yanıyordu ve kafamda tuhaf bir kırmızılık vardı. Dumur olmuştum! Öyle ya önümde çarpabileceğim herhangi bir şey yokken bu nasıl olabiliyordu? Kafam karmakarışıktı.

Annem, babam ve üç numaralı ablam Süreyya hemen yanıma koşmuş ben ise nedensizce ve saatlerce ablama bakıp ağlamıştım. Neden ağladığımı hâlâ bilmiyorum. Hatırımda kalan sadece aşırı derecede ağladığım. Ertesi sabah o rüzgârı ve çarptığım görünmez duvarı anlattığımda aslında hiç rüzgâr çıkmadığını söylediler! "Ne rüzgârı, rüya mı gördün acaba?" dediler. "Rüzgâr bir aydır hiç çıkmadı ki!" dedi babam son olarak. Hepsi aynı şeyi söylediğine göre benim yaşadığım neydi? Rüya mıydı? İyi ama insan uyanıkken de rüya görür müydü? Ben çocuk aklımla bu soruların cevabını nereden bilecektim ki! Bütün bu konuşmalardan sonra dışarı çıktığımda bir gün önce o garip olayı yaşandığım noktaya ilerledim ve o anda gördüğüm şeyle irkildim. O tuhaf çarpışmanın gerçekleştiği noktanın sadece bir adım ötesinde bir akrep ölüsü vardı. Benim ışık huzmelerim (Orblar) üzerine basmamam için duvar olmuşlar ve benim akrep tarafından sokulmamı önlemişlerdi bu defa. Sihirli bir kalkanla büyülü bir şekilde yine sevgiyle korunmuştum. Tabii ben çok sonra anlayacaktım bunu da.

Ben artık daha çok merak etmeye başlamıştım. Ablam ve ağabeyim ile aynı odayı paylaştığım halde neden ışıklarımı onlar da görmüyor, geldiklerinde onlar da sevinmiyorlardı?

Işıklarım onları da koruyor muydu?

Onların da ışıkları var mıydı?

Herkesin mi sırrıydı bu?

Büyükler oyun mu oynuyordu bunları konuşmayarak kendi aralarında?

Daha bir dolu çocukça soru vardı kafamda. Böyle her gün biraz daha sorgulayarak fark ettim bende bir tuhaflık olduğunu. Onlarla o kadar oynamama rağmen neden ablam ve ağabeyim duymuyorlar, uyanmıyorlardı da annem ta yan odadan geliyordu? İnsan zihni ve düşünce gücü her şeye yeter, bunu da böyle öğreniyordum. Hepimizin sihirli yetileri vardı çünkü. Üstelik bu yetilerimizi ötelediğimiz yetmezmiş gibi üzerine bir de kara toprak atıp yok saydığımız müthiş güçlü kaynaklardı bunlar. İnsan kendini inancından var edip algılarından yeniden doğuyor aslında!

Zihnimde neyi çağırıyorsam onlar oluyordu. Ablam ile ağabeyim uyanır diye düşünmeyen beynim, anneme odaklanıyor, "Ya uyanırsa ya kızarsa..." diyordu ve öyle de oluyordu.

Ben kendimi fark ettikçe saflığım kayboluyordu. Ben sorguladıkça zihnimi ve bilinç alanımı daraltıyor, sınırlar koyuyordum kendime. Ben sordukça etrafıma, "Ne diyor bu?" diyorlardı. Kimsenin sözlerimi ciddiye aldığı yoktu. Tabii bir süre sonra algı oluşuyor, ister istemez ve kalıplara giriyor insan. Bu süreçten sonraysa beyin; o özgürlükten, o sonsuz hayal gücünden ve sonsuz üretkenlikten yavaş yavaş sıyrılıyor. Hepimiz bu enerji alanlarının içine doğduk. Bizler ayrımsız çok özel varlıklarız. Sadece bazılarımızın görüleri etrafına çok daha küçükken uyup kapattı kendini ve toplumsal algıya teslim etti görülerini. Bazılarımız tamamen kapatmadı, sadece aktive edilmek üzere bir kenarda unuttu. Bazılarımız ise florür katkısı sayesinde tamamen kapattı farkında bile olmadan. Ama eklemeliyim ki:

"Bilincimizi otomatik düşüncemiz üzerine yöneltirsek bakış açımız ve hayatımız değişir! Daha da güzelleşir ve daha da kolaylaşır her şeyiyle yaşantımız."

Ben, ilahi güçlerin ışığı ile korunuyor ve görülerimi ötelemek yerine üzerine gidip merakla irdeliyordum. İşaretlerin varlığının ve olayların -bu dili okumayı henüz tam bilmesem de- farkındaydım. Benim epifiz bezim* belli ki aktifti ve kireçlenmemişti henüz.

***

* Epifiz bezi halk arasında üçüncü gözdür. Alnımızın tam ortasında iki gözümüzün ardında kalır. Çivit mavisi renginde bir organımızdır. Kozmik bir antendir. Diğer boyutları gören gözümüzdür.

"Yürü, dedi babam, yürü!
Neden diye sorduğumda ise 'Çünkü ellerinle değil,
ayaklarınla dokunursun hayata ve varoluşunda
ayaklarınla yürüdüğün kadar iz bırakacaksın hayata!'
dedi dün gece rüyamda..."

Meleklerin Size İşaretleri Nelerdir?

Meleklerin varlığı ve ışığı bilindiği üzere bizlere hep kendimizi iyi hissettirir. Bizleri korur, sevgiyle sarar, ihtiyaç anlarımızda bize yardım eder, şifa güçleri ile dokunurlar. En zor zamanlarımızda yardım istememiz halinde hemen yardımcı olup işimizi kolaylıkla bitirirler ve iyilik doludurlar. Koşulsuz bir sevgi ışığı ile yardımcı olurlar. Sadece bir teşekkür etmemiz yeterlidir. Genellikle işaret olarak beyaz bir tüy bırakırlar fakat sayı ya da birçok sesli işaretle de bağlantıda kalıp bizlere işaret bırakma şekilleri vardır. Belki aradığın cevap o an fonda çalan şarkıda gizlidir! Bunun gibi daha birçok örnekle bize aslında hep yardımcı olup kendilerini gösterirler. Çoğu zaman hepimizin sıklıkla kullandığı bir cümledir: İçimden bir ses, *bugün o yolu kullanma,* dedi. Bu, size meleklerin seslenişidir. Yeter ki fısıltılara kulak verelim. O yolu kullanmayışımız, o gün, o dakikalarda olan bir kazada bulunmamızı engellemiştir ve kendimizi şanslı hisseder, iç sesimize kulak kabartmanın rahatlığını yaşarız çoğu zaman.

Eğer melekler ile konuşma şeklimizi yani işaretlerini iyice kavrayıp onu bir dil haline getirmeyi kendimize ders edinirsek inanın bana, hayatımızın anahtarını elimize almış kadar rahata ereriz. En başta bakış açımız değişir; daha bir sevgi dolu kucaklarız bir kediyi, bir kuşu, bir çiçeği.

Bu öyle bir değişimdir ki baktığınız, gördüğünüz her kareyi daha bir büyülenmişçesine sevmeye ve algılamaya başlarsınız, görüntüler netleşir. Doğanın sesini ve hatta sesinde oluşan melodiyi duymak ise yaşam kaliteni yeniden oluşturur. Hayatında bambaşka bir bakış açısıyla kucaklaşma başlar kendi özüne doğru ve iç benliğinle buluşursun. Hepimiz meleklerimizle ilk nefesimizden son nefesimize kadar her zaman beraberiz ve hiç kimse için bir ayrıcalık söz konusu değildir: Hepimizin melekleri vardır. Birlik ve varoluş serüvenimiz ömrümüz boyunca sürer. İşaretleri görmediğinde bundan asla vazgeçme! Karşılaştığın her zorlukta, her ihtiyacında meleklerin yine yanında ve seninledir. Meleklerimiz bizleri koşulsuzca sever; pes etmeden, yılmadan mesaj bırakmaya devam ederler.

Melekleriniz sizi her an duyarlar ve sadece küçük bir sesleniş ile ricada bulunabilirsiniz. Hissiyat ile dokundukları elleri o an hemen yardıma hazırdır ve yanı başınızdadır. Korkmayın ve seslenin, her müşkül durumunuzda nazikçe yardım istemeniz halinde bunu sevgiyle hemen yerine getireceklerdir. Unutmayın, bir teşekkür yeterlidir minnet duygunuzu anlatmaya. Çekinmeyin ve dertleşin, sonra akışa bırakıp bekleyin. Göreceksiniz ki bir işaret ile size dokunacaklardır! İşaretleri takip edip peşine düşerseniz de size bambaşka bir dünya için anahtar vereceklerdir. Kilidi bulup açarsanız, yepyeni bir boyut kazanacak, bin bir güzelliğe ve iyiliğe açılan bir kapı bulacaksınız.

Sadece ruhunu dinle çünkü ruhun anladığını bazen akıl almaz ve sen bunu ruhunla anlamlandırırsın ancak. Meleklerimiz duymak isteyen her insana seslenir, yeter ki sese kulak ver ve dinle. Cesaret et ve düş peşine. Unutma, her şey enerjidir ve her şey enerjiden ibarettir. Meleklerimiz bir ışık enerjisi ve saf sevgidir. Bunun sürekliliği ise senin zihnindir!

***

"En sihirli büyüyü kendi ruhunu bedenine saklayarak gerçekleştirdin. Şimdi daha büyük bir sihir yap ve ruhunu özgür bırak!"

Rehber Meleğim, Ustam Hikmet Ağabeyim

Aradan beş yıl kadar geçti ve ben kendimi bilen bir çocuktum artık. Büyümüş, olanları hatırlayıp yeniden sorgulamaya başlamıştım. Tekrar peşine düşmüştüm duyularımın ve görülerimin. İçimden sorgulamak, zihnimi zorlamak, acayip şeyleri de beraberinde getirmeye başlamıştı hayatıma. Tuhaf sihir dolu şeyler olmaya başlamıştı yeniden ve o an anladım ki bunu ben talep etmiştim. Her şey en başta olduğu gibi yavaş yavaş geri geliyordu ve aktive olmuştum!

On iki on üç yaşlarındaydım. Bir gün, "Acaba ben kiminle evleneceğim?" diye düştü aklıma. Tam bunu düşünürken uykuya dalmışım, rüyamda gerçek hayatımda evli olduğum kocamı gördüm ve iki oğlum vardı. Evleneceğim adamı ve kaç çocuğum olacağını, hangi cinsiyette doğacaklarına kadar görmüştüm! Yaşadıkça örnekler ve olaylar birleşiyor, ben ise bunu hâlâ nasıl yöneteceğimi bilmiyordum. Tek bildiğim, ne talep etsem oluyordu ve gördüğüm rüyalar birebir çıkıyordu. Bu geminin kaptanıydım fakat dümeni kullanmayı bilmiyordum. Yaşadığım olaylara yakinen şahitlik edenler dışında kimseye bir şey diyemiyordum.

Neydi yaşadıklarım?

Anlatsam kim inanırdı bana?

Ya da kimden yardım isteyebilirdim?

Var mıydı bu tür durumlar yaşayan benim gibi biri?

Varsa neredeydiler?

Neden kimse bu tür şeylerden bahsetmiyordu?

Cevaplanmamış bir dolu soru ile doluydum ve bir gün evimize Hikmet Ağabey çıkageldi. Babamın yakın arkadaşı olurdu kendisi. 1.85 boylarında, kumral kahverengi gözlü, yuvarlak yüzlü, sohbeti baldan bir adamdı. Öyle geniş omuzları vardı ki o zamanki çelimsiz halimle gözlerime dev gibi görünen bu adamı anlatmak biraz zor geliyor hâlâ. Tarifi yok. Ulu bir çınarı andıran boyunu görmenizi isterdim. Kuvvetli dini bilgilere sahipti ve onda bir eğitmen havası vardı, tam da istediğim kişiydi belki de.

Babamla bir demlik çayı bitirdiler fakat ben çaylarını tazelememi isteyip istemediklerini sormak dışında başka bir şey soracak fırsat bulamamıştım! Nasıl soracaktım ki babamın yanında bu imkânsızdı. Tam bu düşünceyle kıvranırken Hikmet Ağabey abdest almak üzere babamdan müsaade istedi. Fırladım yerimden, hem de nasıl bir heyecanla! Koştum bir havlu aldım hemen, başladım başında beklemeye. Fırsat resmen ayağıma gelmişti, hiç kaçırır mıydım? Ağır hareketler ile sanki meditasyon yapıyor edasıyla abdestini aldı. Yüzüme bakıp gülümseyerek elini havluya uzattı, teşekkür etti, elini yüzünü kuruladı, havluyu geri verirken anladı sanki birden derdimi ve "Buyur Köfser," dedi bana! Nasıl olmuştu bu, ben daha bir şey dememiştim ki! "Seni dinliyorum Köfser," dedi yeniden. Adımı oldum bittim doğru söylememişti; Kevser demeyi bizim oralarda birçok kişi pek de beceremezdi zaten. Ben de çok takılmıyordum buna. Daha büyük derdim vardı çünkü benim. Ben bir solukta anlattım derdimi. Kısaca "Tuhaf şeyler var ağabey, ne düşünsem oluyor, ne rüya görsem çıkıyor ve ışıklar geliyor yanıma, kimse de benimle bunu konuşmuyor," dedim. Saçımı okşadı, sevgi dolu bakışları zaten hep sıcaktı, yoksa bu cesareti nereden bulacaktım da sorular soracaktım? Ailemden kimse ciddiye almazken elin adamı mı ciddiye alacaktı beni? O kadar babacan bir adamdı Hikmet Ağabeyim. Senede bir defa gelen adam artık bize babamı görme bahanesiyle her pazar gelir olmuştu ve belli ki beni de gözlemliyordu bana fark ettirmeden. Ve bir gece değişik bir deneyimin içinde buldum kendimi. Astral seyahatin ne olduğunu bilmiyordum ancak ne manaya geldiğini bilmediğim bu yolculuğu kontrolsüzce yapıyordum. Farkında olmadan, nasıl yaptığımı bilmeden bazı zamanlar birçok yere hızlı geçişler yapıp geliyordum. Sürekli böyle bir durumu deneyimliyordum ama adını koymamıştım. Hayal kurmak gibi bir şeydi ve bu hayal kurmaya gerçekten çok benziyordu...

Bir pazar gecesinin sabah ezanı vaktinde, Hikmet Ağabeyimin yattığım yere ışık olarak iniyor olduğunu gördüm. Aniden uykumdan uyanmış, o tuhaf durum karşısında uyku sersemliğinden olsa gerek, biraz da irkilmiştim. Işık gibi çok parlaktı ama kanlı canlı bir insan olarak tam karşımda duruyordu Hikmet Ağabeyim. Ne olduğunu daha sonra öğrendiğim kirlian fotoğraflarına benziyor, vücudunun aurası parıldıyordu. Ne olduğunu o an tam anlayamamıştım ancak herhangi bir korku da hissetmiyordum. Usulca yatağımdan kalkıp içine ancak iki çekyat ve bir konsol sığan on yedi metrekarelik odamdaki diğer çekyata geçerken gözlerim yıllardır duvarda asılı duran sürahi şeklindeki o garip duvar saatine kaydı; beş civarıydı. Işık yanıma önce ağır ağır süzülmüş, ardından da sohbet ederken bulmuştum kendimi.

Bu ışık huzmesi yedi yaşımdayken gördüğüm o cıvıltılı ışıklardan değildi; sakince indi yanıma, her yer önce mis koku ile donandı, ardından tuhaf bir huzur kapladı içimi. Sonrasında ise o saf ve koşulsuz sevgi ile beni korumasına alan bir hoca, bir eğitmen sevgisiyle başladı anlatmaya Hikmet Ağabey. Tam karşımda oturuyordu. Ben soruyordum, o cevaplıyordu. Ve oldukça hararetli sohbet akışımıza rağmen kimse bizi duymuyor ve uyanmıyordu. Korkmuyordum, tuhaf gelmiyordu, hiç garipsememiştim bu durumu, sanki gayet doğal bir şeydi bu akış ve doğamıza aykırı olmayan bir durumdu bu yaşadıklarım. Hâlbuki yazarken betimlemek öylesine zor ki...

Hepimiz enerjinin içerisine yine enerjiden doğan varlıklarız. Zaman içerisinde algılar ve dış etkenler sınırlar koymuş gözümüze ve zihnimize. Maalesef bu sınırlarla yalınlaştırılmış yaşamlara mahkûm edildik, kandırıldık yıllarca. Asıl özü unuttuk sonrasında, gizli ilimler ve kadim bilgiler gizlendi, kasalarda saklandı senelerce!

Astral yolla geliyormuş aslında Hikmet Ağabeyim yanıma ve ben bunu zaman içerisinde yine ondan öğrendim. Bütün bu olanları ise tuhaf bir şekilde zaten benim içimdeki bilge de biliyordu! Yavaş yavaş pratik yaptırdı bana önce Hikmet Ağabeyim, her gece geldi bıkmadan ve sabah ezanı sesiyle bitirdi bana öğretilerini. Ne derin hazinelere sahipti, tek tek anlattı sabırla ve tüm deneyimlerini bana miras bıraktı. Nasıl büyük bir zenginlikti bu bilgiler! Hayatımı nasıl da işledi bir kanaviçe gibi, ne büyük sabırmış gösterdiği ilgi!

Demek ki ruh tekâmüle böyle eriyormuş. Böyle gelişip böyle olgunlaşıyormuş ve görevler böyle yerine getiriliyormuş egosuzca, hiçbir beklentisi olmadan. Ne çok aydınlandı ruhum, ne çok şey öğrendim, hayatıma neler kattı ve ne kıymetli bir mirastı bu bıraktığı! Artık sorularım daha fazla cevap buluyor ve ben yolumda kendime daha da yakınlaşıyordum.

Aile içinde ise durumum ve konumum değişmemişti. Yine en aykırı, en uyumsuz ve en yabancı olan tekne kazıntısıydım. Ruhumda hissediyordum kabul görmeyişimi ve ne gariptir ki alışmıştım, acıtmıyordu. Onlar sanki cami avlusundan alınan bir evlat gibi bakıyordu bana, ben de bunu bilen yabancıydım. Sanki onlara ait değil, onlardan değildim. Buraya bir açıklama bırakayım tam yeri gelmişken: Aynı titreşimde olmayan insanlar, isterse benim gibi kan bağın olsun, ailesiyle dahi yan yana duramaz ve artık aynı hologramda değilse, birbirlerinin frekansından düşmüşlerse asla ve asla yan yana olamazlar zira bu imkânsızdır. Benim yaşadığıma benzer zıtlıklar, uyumsuzluklar yaşarsınız. Yine bana gelirsek... Ailemle yan yana olamayışım, aynı hologramda olmayışımızdandı aslında. Evrendeki her canlı için geçerlidir bu durum; aynı titreşimde değilseniz hiçbir canlıyla yan yana gelemezsiniz. Ben, ailemin frekansından hızla düşüyordum. Ayrışıyor, uzaklaşıyor, anlaşılmıyordum...

Hikmet Ağabey artık gelmiyordu. Ben istediğim zaman sorularımı soruyordum, o da duyuyordu çünkü. Bunu nasıl yapıyorduk, tam olarak kavramamıştım ancak her defasında ona sesimi duyurmayı başarıyordum. Uzaktan konuşmak için duru duyumu nasıl kullanacağımı, böyle kendinden mahrum bırakarak çok zekice ve ustalıkla öğretmişti. Konuşulan her şeyi duyma kabiliyetimi o yaşlarımda Hikmet Ağabeyimin önderliğinde öğrenmiş, duru duyularım ve görülerim aktive olmuştu. Belki de bu dünyadaki rehber meleğimdi beni eğiten. Hikmet Ağabey sıfatında önderim oldu; beni eğitti, geliştirdi ve gitti.

Rehberlerimizi bazen ışık geçişi, bazen mis koku, bazen sevimli evcil bir hayvan, bazen de çocuk sıfatında görebiliriz. Hayatımızda hiçbir şey tesadüf değildir ve her rastlantıda kaderimizin şifreleri vardır. Hayatımıza dâhil olan hiçbir insan sebepsiz değildir. Her biri, bir şeyler öğretmek üzere bizimledir. Uyanık ve farkında olmak, işaretlere daha hızlı ulaşmamızı sağlar. Her birimiz birbirimizden sorumluyuz. Evren saf sevgi ve enerjiden oluşmuştur; biz canlıların titreşimleriyle alışveriş içindedir ve yaydığımız her şeyi fazlasıyla tekrar bize geri gönderir!

"Ne ekersen onu biçersin." Bu atasözü evrenle aramızdaki ilişkiyi mükemmel bir şekilde tanımlamaktadır. Sevgi ve iyilik ile beslenip bunları yayın. Fazlasıyla geri alacağınızdan emin olabilirsiniz.

Hikmet Ağabey yine bir pazar günü bize gelmişti. Ne harika bir pazardı, nasıl mutluydum, anlatamam. Yemek yedik hep birlikte. Annem kabak musakka ile pirinç pilavı yapmıştı, bir de çok güzel turşu kurardı. Babamla Hikmet Ağabey çay içiyorlar, haberleri izleyip Türkiye gündemi üzerine konuşuyorlardı. Sıradan bir pazar günü, benim için bayram havasında bir güne dönüşmüştü. Ara sıra bana bakıyor gülümsüyordu Hikmet Ağabeyim, koca çınarım benim…

Abdest almak üzere kalkınca koştum yine, temiz havlu alıp yanına dikildim saf tutar edasıyla. Dalgındı biraz o gün; yorgunluktan mı, yaşlılıktan mı anlayamamıştım. Teni son baharın uçuşan sarı yaprakları kadar soluk, elleri ise kireç gibiydi. Sanki o koca çınarın rengi gitmişti, bir tuhaflık vardı gözlerinin ferinde. Elini yüzünü kuruladıktan sonra baba şefkatiyle saçımı okşayıp, cebinden küçük bordo renkli kadife bir kese çıkardı. Heyecanla keseye bakıyordum. Ne olabilirdi ki içindeki? "Al bu hatıramı, iyi sakla Köfser. Sen evlenirken kocanın kol düğmeleri benim hediyem olsun sana," dedi ve ekledi: "Bunu Kâbe'den, kutsal topraklardan getirmiştim, sana kısmetmiş," diyerek, avucuma koyup elimi kapattı. Şaşkındım. İlk defa böyle kıymet görmüş, değerli olduğumu hissetmiştim. Belki de bu yüzden o şaşkın halim diğer tüm duygularımın üzerini örtmüştü. Gözlerim dolmalıydı belki ya da kalbim şöyle bir dalgalanmalıydı. Ama ben sadece şaşkındım. Bu Hikmet Ağabeyim ile son görüşmemizdi. *Veda gibiydi* derler ya hani? İşte tam da öyle bir şeymiş bu görüşmemiz: Bir vedalaşmaymış.

Bir daha asla göremedim Hikmet Ağabeyim'i. Görevini tamamlamış olmalıydı. Bilmiyordum ki Hikmet Ağabeyim'i son kez gördüğümü, bilmiyordum! Soğuk bir haber duyacaktım bir ay kadar sonra! Öldü… Büyükler kendi aralarında konuşurken duydum! Öldü Hikmet, diyorlardı. Öldü! Yaşadığım en derin hüzündü ve o anki duygularımı anlatacak lügate bu yaşımda bile hala sahip değilim. Hayatımda ilk defa bir sevdiğini kaybetmenin ne demek olduğunu da Hikmet Ağabey'den öğrenmiştim. Bu ne tarifsiz bir acıydı! Yani bir kere bile olsa, iletişim kuracağım tek ağ yok muydu artık? Bir daha gözlerinin derinine bakarak öğreneceğim bir ışık, bir bilgi, minik bir sevgi kıpırtısı yok muydu? Ben bunu sevdiğim birinin ölümüyle öğrenmiş olmanın acısı ve çaresizliği içindeyken, ölümün sadece başka bir boyuta yükseliş olduğunu yine o büyük üstadım öğretecekti bana.

***

Ustam ölmüştü ve ben kendimi kimsesiz hissediyordum. Hikmet Ağabeyim… Koca bir dağ gibiydi sırtımı dayadığım, ulu bir çınardı gölgesinde dinlendiğim. Ben bu hislerle kıvranırken sıra dışı bir şey daha oldu ve rüyama geldi Hikmet Ağabeyim. Ölümünün üzerinden altı yedi ay geçmişti. Artık sohbetlerimiz rüyalarımda gerçekleşiyor ve müthiş bir beyin zonklamasıyla uyanıyordum. Henüz bedenimin bu bilgi aktarımının veriliş haline adapte olamadığını ve beynimdeki zonklamanın bundan kaynaklandığını düşünüyordum. Geçmek bitmek bilmeyen bu zonklamalar ise beynimin uyanışıydı, zaman içerisinde bunu da öğrenecektim. Başka boyuta uyanışların olduğunu, ruhların asla ölmediğini, ölümün sadece bedenin eskimiş olduğu anlamına geldiğini içeren nice kadim bilgileri her inceliğine kadar bu rüya öğretileriyle bana aktarıyordu artık. Ölümün ne büyük bir geçiş kapısı olduğunu her ayrıntısıyla bana aktaran büyük ustam, rehberim Hikmet Ağabeyim'dir. Bir bedene sahip değildi artık dünyada ama yok olmamıştı, vardı: Bu illüzyondan öze geçişini gerçekleştirmişti sadece ustam. Ben ise hepsini biliyor ve artık daha az üzülüyordum gidişine. Sonsuz kaynağın sonsuzlukla kucaklaştığını, evine dönüp saf bir sevgiye dönüştüğünü ve yeniden nur haline geldiğini bildiğimden Hikmet Ağabeyim adına ayrıca sevinir bile olmuştum. Çok sonraları, o zonklamaya da razıydım ama rüyamda onu artık daha az görür olmuştum. Öte boyutların bilgilerini öğretmişti ve yine gitmişti. Hikmet Ağabeyim ölmüş olmasına rağmen ruhsal geçişlerin ve öte boyutların kapısını aralayıp beni, o meraklı öğrencisini, bırakmamış; kadim bilgileriyle tüm öğretilerini sonsuz sabır ve sevgisi eşliğinde tek tek öğretmeye devam etmişti.

Zihnimden asla silinmeyecek bir yüz, yüreğimin hep özlemle anacağı bir ata ve hayatımın her evresinde hatırlayıp şükranlarımı sunacağım bir ustadır kendisi. Nurlarda uyusun, rahmet dolsun kabrine hep...

Rehberleriniz ne zaman hangi sıfatta gelir, bunu sadece mesajlara iyi kulak kabartarak görebilirsiniz. Bir kedi dahi olsa bacaklarınıza sırnaşıp sıvanan, asla ötelemeyin. Kim bilir? Belki sizin de rehberleriniz etrafınızda işaretler verip izler bırakıyordur. Görün, duyun, hissedin ve dokunun. Her canlı mutlaka bir sebepten ötürü ve aynı titreşimde buluştuğunuz için hayatınızdadır. Hiçbir ayrıntıyı önemsizleştirmeden farkındalıkla yaşamayı kendinize ders edinirseniz haritanız sizi varacağınız en doğru ve en güzel noktaya ulaştıracaktır.

***

"Sen verilen mesajları ne kadar kabul edersen; onlar daha da çoğalarak ve bambaşka kapılardan sızarak senin bakış açına yansıyıp uyanışını destekleyeceklerdir."

"Sakinleş, nefesini dinle, süptil sesin peşine takıl ve görünmeyenin perdesini aralamaya niyet et. Aradığın sükûnet, aradığın huzur ve aradığın gerçek benliğin kendi sakinliğinin dinginliğinde gizli."

Melekler ile İletişime Geçmek

Melekleriniz saf sevgi ve enerjiden oluştuğundan, şunu biliniz ki daima hazır ve sonsuz sevgiyle yanı başınızda sizden gelecek talepleri beklemektedir. Sadece meleğinize sevgiyle seslenmeniz yeterlidir. Örneğin: "Sevgili Başmelek Mikail! Lütfen işimin kolaylıkla oluşması için yanımda ol, yoluma ışık tut ve sevgiyle rehberim olup yanımda durup beni aydınlat," demeniz halinde zaten siz iletişime girmiş olursunuz. Bir teşekkür etmeniz yeterlidir, meleklerimiz sadece bunu bekler bizden. Unutmayın meleklerinize teşekkür etmeyi unutsanız dahi asla size kırılmazlar. Meleklerin egosu yoktur, saf sevgidir çünkü.

Bazı zamanlar kendi kendimize konuştuğunuzu sandığınız o ses; aslında meleklerinizin sizinle iletişim şeklidir. Çoğu zaman bilmediğin bir konuyu, aslında çok önceden biliyormuşsun gibi bir his oluşur ya hani, yine bu da rehberlerinizin sesidir. İyi ki içimdeki sese kulak vermişim, dediğiniz zamanlar çok olmuştur. Aslında hiçbirimiz yabancı değiliz meleklerin lügatine. Size bir sır vereyim mi? Melekleriniz hep sizinle. Sadece üst benliğiniz izin vermediği sürece yardımcı olamıyorlar ve aslında size yardım edip işinizi kolaylaştırmaya can atıyorlar. Talep edip her istediğinizde sonsuz sevgiyle buna karşılık alırsınız. Yüce Yaradan, meleklerini biz sevgili kullarına yardımcı olup işlerimizde sıkıntısız sonuç elde edelim diye görevlendirdi ve bizlere yardımcı olmaları için gönderdi.

Olur da içinize sinmeyen bir işte kararsız kalırsanız; o işe bir eliniz gider, diğer eliniz gitmez ise gitmeyen elinizin refleksini ve sesini dinleyin. Çünkü o mutlaka sizin koruyucu meleğinizdir. Dua gibi seslenerek isteklerinizi ve ihtiyaçlarınızı, hacet ve taleplerinizi sıralayarak yine yardım alabilirsiniz. Meditasyonla bağlantıda olabilirsiniz, kendinize mektup yazar gibi yazarak ulaşabilirsiniz, sadece konuşarak yine iletişim halinde olabilirsiniz. Siz yeter ki meleklerinizden talep edin. İçinizden minik bir seslenişte dahi bulunsanız sizi duyarlar. Bazı zamanlar küçük mucizeler ile sizi şaşırtır, kendilerini belli ederler. Böylece size iz bırakırlar ve bazı zamanlar bir tüy bırakarak onları fark etmenizi isterler. Bir şarkı olarak, bir fincan kahvenin köpüğünde beliren bir kalp olarak, bir yabancının merhabasında onun sıfatına bürünerek mutlaka size görünürler. İstediğiniz yardım, her ne kadar zor olursa olsun, bunu kabul eder ve görev bilip sizin ve bütünün hayrı için hemen en iyi sonucu oluştururlar. Fakat lütfen istek ve taleplerinizi asla koşullandırmayın, süreci siz yönetmeyin, isteğinizi talep edip özgür bırakın ki melekleriniz en iyi şekilde size yardımcı olabilsinler.

***

"Talep ettiğin şeyi, meleğine nazikçe anlatmadığın sürece alamazsın! Nezaket talep eden, nazik davranır. Yardım talep eden, dile getirir. Meleklerinizden cevap almaksa amacınız, lütfen nazik davranın ve talep edin."

"Kalbini kıranlara kızma! Onlar senin içindeki sihirli ve uykuya dalmış o büyülü çocuğu uyandırmak için evrenin sana yolladığı sesli mesajlarındır. Kızmak yerine duy ve ruhsal uyanışını gerçekleştirmek adına içindeki çocuğu uyandır."

Anneler Günü

Anneler Günü'ne bir hafta kala mahalledeki arkadaşlarla anlaşmıştık. Hepimiz harçlıklarımızı biriktirecek ve annelerimize birer kırmızı gül alacaktık.

Komşu çocuklarıyla hepimiz kardeş gibi büyüdük, hepsini kardeş bildim hep. Aslan ile Gül kardeşti ve aralarında iki yaş kadar vardı, yan komşumuzdu. Harun karşı komşunun oğluydu ve Aslan ile yaşıttı. Ben ise Gül ile akrandım. Biz kızlar, erkeklerden iki yaş büyüktük. Arada çocukça kavgalarımız olsa da nefes kesen maceralarımız ve sıkı arkadaşlığımız vazgeçilmezdi.

Geldi çattı Anneler Günü. Plan belliydi: Harun ıslık çalınca kimseye hissettirmeden usulca evden çıkacak, bizim mahalleye üç kilometre kadar uzaklıkta bir çiçekçiye gidecektik. O gün, günlerden pazardı. Benim babam alüminyum ustasıydı ve her cumartesi eve çalışırken giydiği sanayi yağı ile kirlenmiş iş çamaşırlarını getirirdi. Annem de her pazar onları yıkar, pazartesi için hazırlardı. Baktım, annem bahçede babamın iş çamaşırlarını yıkıyor, ben de sokağa kapı önünde oturma bahanesiyle çıktım. Hızlıca toplanmıştık ve koşarak nefes nefese çiçekçiye gittik. O en kırmızı, en narin gülü ben kapmıştım. Elimdeki kan kırmızı tomurcuk gül nasıl da güzeldi. Annem gibi kokuyordu, annem gibi dimdik ve narindi.

Rengini annemin dudaklarından almış olmalıydı ama daha güzeldi benim annem, kıyaslayamazdım. Koştum heyecanla, ittim dış kapıyı, girdim bahçeye. Annem hala bıraktığım yerdeydi. Önünde leğen, babamın çamaşırlarını yıkamaya devam ediyordu. Bitmemişti işi, çok yorgun görünüyordu. Küçük müstakil evimizle sokak arasına sıkışmış bahçemizde koşup arkasından yanağına eğildim annemin. "Anneler Günü'n kutlu olsun anneciğim!" dedim. Kokulu bir öpücük bıraktım gül yanağına. Elini leğenden çıkardı, ıslak ve okkalı bir tokat yapıştırdı yüzüme. Ne olduğunu anlamamış, neye uğradığımı şaşırmış bir halde kaldım öylece. Sadece gözümden yaş süzülüyordu. Annem ise "Bunun için mi harcadın paranı, buna mı verdin paranı ve sen nerelerdesin?" diye bağırıyordu. Ben bu cümlelerden sonrasını duymuyordum artık. Sadece yanan yanağımın acısını hissediyor, annemin tüm parmakları oradaymış gibi hâlâ tek tek ayrıştırabiliyordum. Her zerrem parça parça olmuştu ve artık algılayamıyordum annemin bahçede çınlayan o cümlelerini. Sustum... Sustum... İliklerime kadar incinmiştim, ağlayamıyordum bile. Sanki bir okyanusun içinde derine doğru hızla çekiliyordum. Kaybolmuştum!

Bana mı kızgındı sahi? Ama elimdeki gül!

Hiç mi hatırı yoktu bu elimdeki narin kan kırmızı goncanın?

Hayata mı dargındı yoksa bana mı?

Çok mu yormuştu yerdeki leğen dolusu çamaşır?

Neden bu denli kızgındı? Anneler Günü'ydü ve ben onu unutmamıştım ki!

Neydi hatam?

Beni merak etti de telaşı bundan mıydı?

Neydi hatam, neydi?

Annemi asla anlayamadım. Aradan yıllar geçmesine rağmen ne hâlâ yüzümde taşımaya devam ettiğim o tokadın sebebini anlayabildim ne de yüreğimde açtığı yarayı unutabildim. Çiçeklere sığdırıp öyle sevdim o günden sonra annemi ve bir gül goncasında kokladım hep! Bu sarsılıştan sonra ben bir daha asla annemin Anneler Günü'nü kutlamadım.

Annem yedi köyün ağasının kızı olarak gelmiş dünyaya. Kaç kardeş olduklarını bilmiyor. Anneannem annemin doğumundan kısa süre sonra lohusalık döneminde ölmüş. Bu acıya dayanamayan, çocuklarının annesiz kalmasını kaldıramayan dedem ise kırk gün sonra eşinin arkasından kalp krizi geçirmiş. Annem ve kardeşleri, hem yetim hem öksüz olarak ortada onca mal varlığı ile kalakalmışlar. Daha da kötüsü dayıları ve amcaları tarafından korunacakları yerde hızlı bir kararla Türkiye'nin dört bir yanına besleme olarak dağıtılmışlar. Annem ve kardeşlerinin gidişinin ardından ise aralarında paylaşmışlar malları.

Annem zengin bir aileye besleme verilmiş! Yedi köyün ağasının kızı olduğu halde bir zenginin kapısında besleme... Evlatlık bile değilmiş. Amca ve dayılarının gözünü para hırsı bürümüş, yeğenlerini buluşamasınlar, birbirlerini bulamasınlar diye çok uzak köşelere, bizzat elleriyle ayrı ayrı yerleştirmişler. Annem aile görmeden büyümüş yani. Anneden sevgi görmeyen insan kendi evladını sevmeyi öğrenemezmiş! Büyürken ben de bunu canım yana yana annemden öğrendim. Kızmıyorum, sadece o duyguyu bilmediğim, öğrenmediğim için ben de başka başka annelerde arıyorum ve kendimi bu arayıştan bir türlü kurtaramıyorum. Artık her içe dönüşüm duru duyularımı dinlememde büyük rol almıştı, belki de annemin yaptığının içindeki hayır buradaydı.

En başlarda dediğim gibi annemin hayat hikâyesi Sezen Aksu şarkısında anlatılan o kız gibi: Ünzile! İşte o benim annem. O besleme verildiği zengin kapısında ergen olduğu yıl evlendirilmenin yükünü daha aşamamışken, sonraki yıllarda peş peşe gelen biz evlatları vardı sırtına yük edilen. Hayata hep yenilmişti. Daha doğduğu andan itibaren, sadece sürüklenmiş hayatın içinde. Kuru bir yaprak gibi savrulan, cılız bir bedendi annem. Kimse ne istediğini asla sormamış, o da bir şey isteyecek gücü ve cesareti bulacak bir kucak görmeden sürüklenerek büyümüş ve hayat onu koca kadın yapmış daha çocuk yaşta. Çocuk olmadan, daha ergenliğini bile bilmeden koskoca kadın olmuştu annem; savruk, yenik, kimliksiz bir kadın…

Annemle yaşadığımız o travmatik Anneler Günü beni yeniden ruh dünyama döndürmüştü ve ne hissetsem başıma geliyordu. Yine sihir dolu işaretlere denk gelmeye başlamıştım. Yoksa duru hislerim, haritamı görmem için bana rehberlik mi ediyordu? Yavaş yavaş işaretleri görmeye başlayınca bunu da anlayacaktım zaman içerisinde.

***

"Ben bugün bereketlenmeye, şifalanmaya, aşka ve sonsuz mucizelere niyetleniyorum. Bildiğim bütün kıtlık bilincimi yıkıyorum. Yarattığım tüm negatif DNA'larımı pozitive ediyorum. Büyülü, sihir dolu, aşk ile dolu olmayı seçiyorum."

Duru Duyularımız

Duru Görü:

Bazı zamanlarda bu durum bize dejavu gibi gelebilir, bazen ise sadece bir his gibi gelir. Çoğu zaman ise, gerçekleşmiş bir olay hakkında herhangi bir bilgiye sahip olmasanız da sanki olay anında oradaymışsınız gibi her ayrıntıyı duru görünüz gördüğünden siz de bilirsiniz. Duru görünüz aktiftir ve siz bununla hep var olduğunuz, bununla büyüdüğünüz için altıncı his olarak adlandırırsınız. Ancak bu özelliğinizin farkına varıp, bilerek kullanmaya başladığınız zaman hayat akışınız değişir hatta hayat kaliteniz yükselir.

Birçok gelişmiş Avrupa ülkesinde duru görüye ve tüm duyulara yani (duru görü, duru duyu, duru bilme ve duru his) sahip olan psişikler, kriminal laboratuvarlarda fayda sağlanmaktadır. Delili az olan davalarda psişikler kullanılmaktadır. Adli ve idari soruşturmalarda bilimsel verilerle birlikte kullanılıp yargıya sunulmaktadır. Delil ve bulguların tespiti sonrası oluşturulmuş bu psişik kriminal laboratuvarlardan da veri alınmaktadır.

Duru Duyu:

İç ses, içgüdü gibi bilinen ve aslında bilmediğimiz halde tuhaf bir şekilde hissettiğimiz konularda kendini gösterir. Çoğumuzun "Bazen bir ses bana şöyle yap diyor," diyerek kastettiğimiz o ses, bizzat rehberlerinizin fısıltısıdır. Bu duyularınızın açık olduğunu gösterir. Bu durumda hayatınıza duyularınızı kullanarak yön verdiğiniz takdirde, daima doğru kapıyı aralamanıza vesile olurlar. Bu yeteneğinizi geliştirdiğinizde ise birçok bilgiye kolaylıkla erişebilirsiniz. Genellikle fısıltıya benzer bir his oluşur ve kendinizle konuşuyorken bulursunuz kendinizi. Bazen hayat her şeyi ile yolunda giderken birden bir çıkmaza girer ya hani, durun ve dinleyin. Bu gibi durumlarda eğer duru duyunuz açıksa rehberleriniz size sonsuz sevgiyle çıkışı gösterecektir.

Duru His:

Belki birçoğumuzun yaşadığı bir durumdur, kaybolduğumuzda tamamen kendimizi sezgilerimize bırakırız ve ayaklarımız bize gideceğimiz yer için rehberlik eder. Genellikle yanılmayız çünkü duru hissimiz aktiftir. Bu durumu kolaylıkla test edebiliriz. Sadece gözlerimizi kapatarak kendi alanınızda bir varış noktası oluşturup en yakın odaya hislerinizi kullanarak gitmeyi deneyimleyebiliriz. Yeni bir insana *merhaba* derken uzatılan o ellere tokalaşmak için dokunduğumuzda bütün hayatını, hastalıklarını, eksikliklerini hatta yaşamına dair olan pek çok sıkıntılarına kadar hissedebilmek ve bilmektir duru his. Eğer şifa melekleriniz ile bağlantıdaysanız duru his ile birçok hastalığın üzerine çalışılması, rehber meleklerinizin eşliğinde de mümkündür. Duru his aktifse bütün olası felaketleri ve kötü olayları hissedip zararları daha aza indirmek de mümkündür. Sadece yapmanız gereken şey, duru hislerinizin analizini yapmanızdır.

Duru Bilme:

Kapın çalar ve sen kapıyı açmaya giderken farkında bile olmazsın ama o kapının arkasında duranın postacı olduğunu da bilirsin. Altıncı his deriz buna fakat bu genellikle duyuları ve görüleri aktif olan psişik kişilerde görülen bir durumdur. Herhangi bir ortamda hiç öğrenmediğin, okumadığın hatta ilk defa duyduğun bir konu geçtiğinde konuya dair ne varsa bildiğinizi fark edersiniz. Hatta kendi kendiniz de hiç bilmediğinizden emin olduğunuz hâlde nasıl bu kadar konuya hâkim olduğunuza şaşırıp kalırsınız. Bu durumu kullanmaya başlamak ise duyunuzun daha aktif hale gelmesini sağlar. Bilmeliyiz ki meleklerimiz bize bu şekilde yardımcı olup bizimle iletişime geçiyorlar.

***

"Cümlelerinize dikkat edin! Bütün kelimeler sihirlidir. Zira iyilik de kötülük de o büyünün filizinde ve tohumu da sizin elinizdedir."

"Tüm insanlar dünyaya büyük sihirler ile geldiler, hiçbirimiz bir diğerimizden özel ya da farklı değiliz. O büyünün tohumu da filizi de içinizde yeşermek üzere yine sizin içinizdedir. Öze doğru dönün, o büyülü bahçelerinizi göreceksiniz."

Çukura Düşen Yavru Kedi

"Ne çok uyuyorsun, koca kız oldun, genç kızlar bu kadar uyur mu?" diye söyleniyordu annem. O homurdanırken gözlerimi açtım, zihnimi toplamaya çalışıyordum. Tiz ve titrek bir ses geliyordu kulağıma uzaklardan, ruhum titreşiyordu. Evet, bir ses vardı ruhumla duyduğum fakat nereden geldiğini bilemiyordum. Ben içimde duyduğum sesin kaynağını düşünürken annem "Elini yüzünü yıkadıysan kahvaltı hazır olmadan al şu tabakları, Zeynep'e götür de gel bir koşu," dedi.

Zeynep abla bizim üç ev ilerideki komşumuzdu. Uzun boylu, beyaz tenli, koyu kumral saçlıydı. Kızı vardı Müge... Benim en iyi arkadaşım ve sırdaşımdı o dönemlerde. Eklemeliyim ki mahallenin en güzel kızı unvanı da ondaydı. Gerçekten de dünya güzeli zarif bir kızdı ve yıllar o güzelliğine hiç adil davranmadı! Yüreğimde çocukluğuma ait en güzel yerdedir Müge. İnsanın bahtı da güzel olmalıymış. Mutsuzluğuna şahit olarak öğrenmiştim bunu da arkadaşımdan o zamanlar. Belki de seçilmiş bir ruhtu ve uyanması için acılarla sınanıyordu. Hayatı bir düğüm kadar karışıktı. Yine de hep gülen gözleri vardı. Keşke uyanmayı seçseydi, keşke uyanması için elçilik edebilseydim. Ne yazık ki görevler verilmediği sürece ilahi işleyişe karışmak da doğru değil.

Hayatımızda bulunanlar, mutlaka bize küçük de olsa öğretiler öğretmek için vardır. Bir bakarsın, her şey üst üste çoğalıp nice bilgiler olarak geri gelir bize ve hayatımızda tecrübeye dönüşmüş deneyimler oluverirler. Ben arkadaşımın acılarını gördükçe hayata karşı duruşunu örnek alıp güçlü kalmayı öğreniyordum. -Durumu özel olduğundan ve afişe etmemek adına bu konudan bu kadar bahsetmekle yetineceğim.- Bir koşu gittim. Baktım, kapıları sonuna kadar açık. Sesleniyorum, sesleniyorum, ses veren yok! Bizim oralarda aile gibi olur komşular, kapı kilitlenmez. Susayan çocuk komşu teyzesinden bir bardak su isteyebilir rahatlıkla. Komşu teyzeler çocuğunu doyururken oyun arkadaşını da alırlar evlerine, evladı misali ayrımsız doyuruverirler. Bundan dolayı ses olmamasına rağmen, mutfaklarına girip tabakları bırakmaya karar vermiştim.

Uyandığımda duyduğum o ses gitgide yükseliyordu. Nasıl ağlamaklı bir sızlanış bu, anlatamam. Hızlıca girdim mutfağa. Bir yandan "Müge! Zeynep Abla!" diye sesleniyordum. Cevap yoktu. Evde kimse yoktu belli ki sustum ve sese doğru yürüdüm. Zeynep ablaların mutfak penceresi bir tarlaya bakıyor ve tarlanın yükselen eğiminden dolayı oldukça yukarıda kalıyordu. Zıpladım mutfak tezgâhına. Ruhumla duyduğum sesi artık kulaklarımla da işitiyordum. Başımı pencereden uzatıp aşağıya baktım. O anda tarladaki derin çukuru ve ardından da içine düşmüş yavru kediyi gördüm. Çok küçüktü, birkaç günlük olmalıydı. Nasıl da ciyak ciyak feryat ediyordu! Daha sesi bile olgunlaşmamıştı zavallının. Anne kedi ise çaresizce bakıyordu çukurun kenarından. Oraya inmeli ve o kediciği kurtarmalıydım. Ancak bu imkânsızdı, çukur çok derindi. Aşırı derin... Atladım camdan, tarlaya oturdum anne kedinin yakınına. O yavrusuna bakıyor, ben ağlıyorum. Ağlaya ağlaya şişti gözlerim.

Onların çaresizliği bana da geçmişti. Görüp de bir şey yapamamak... Düşünebilsem ya itfaiye çağırır ya da bir büyüğümden yardım isterdim ama benim de beynim durmuş o çaresizlikte. Yüreğim anne kediyle bir olmuş sadece.

Saat ilerlemiş, annem kahvaltıya oturacak, beni bekliyor. Tabii ben hâlâ yokum ortalıkta, bana bakmaya geliyor. Zeynep abla da evine gelmiş çoktan, saksıdaki çiçeklerini suluyormuş bahçede. Konuşma seslerini duydum, zıpladım camdan içeriye, seslenmeye başladı "Zeynep abla!" diye. Bir baktım, annem aşırı sinirli bir halde bana bakıyor Zeynep ablanın yanından. Elleri belinde, kaşları çatık... Benimse sesim ağlamaktan hık hık çıkıyor. Şaştılar halime, "Ne işin var senin orada?" diyerek telaşla mutfağa girdiler. Baktılar yüzüm gözüm de şiş! "Hemen yardım edin lütfen," diye sızlanıyorum, panik ve sevinci aynı anda yaşıyorum tabii, sonunda yardım edebilecek birileri var başımda.

Zeynep abla atik bir kadındı. Zıpladı tezgâha hemen, "Ne var orada?" diyerek uzattı kafasını camdan dışarıya. Bir baktı ki yavru kedi ölecek o derinlikte. Beni tuttu kolumdan, zaten çelimsizin tekiyim, oyuncak bebek gibi saldı çukurun dibine. Kaptım bir çırpıda yavru kediyi, yukarı çıkardım. "Eve götüreyim, besleyeyim. Annesi yaralı, bakamaz," dedim. Annem karşı çıktı, "Ne işi var evde kedinin, istemem ben," diye homurdandı. Fakat dinlemedim, bastım yaygarayı. Nasıl ağlıyordum ama! "Ben o çukura düşsem, sen bana yardım edemesen, yaralarımı sarmayı bilmesen, ölsem üzülmez misin?" diyordum feryat figan. Homurtular kesildi, bir sessizlik oldu ortalıkta. Sustum ben de. Bir de baktım hem annem hem Zeynep abla oturmuş ağlıyorlar. Anne yüreklerine dokunmuşum fark etmeden. Valla işime de geldi, izin koparmıştım çünkü. O kedinin benim görünen meleğim olduğunu o an bilmiyordum!

Koştum, evden boş bir gazoz şişesi buldum önce, ardından bozukluklarımı kaptığım gibi bakkala. Abdurrahman amca mahallenin en nahif yürekli ama en kazıkçı bakkalıydı ancak ben severdim kendi adıma. İyi adamdı. Pahalı satıyor olması, o dönemler beni ilgilendirmiyordu doğrusu. Bir de sekiz köşeli o kasketi bana çok havalı gelirdi o zamanlar. "Ne modern adam!" derdim içimden.

"Abdurrahman amca, naylon emzik lazım," deyince "Hayrola kız?" diye sordu. Kediyi anlattım bir çırpıda. "Al, benden olsun bu da," diyerek adamcağız bedava verdi emziği. Sağ olsun, iyi adamdı. Teşekkür edip emziği de alıp çıktım bakkaldan mutlu bir halde. Mutluydum zira bozukluklarım bana kalmıştı. İyi ya süt alırdım onlarla da. Bizim mahallenin sütçü teyzesine doğru ilerliyordum telaşla. Öyle ya evde bana ihtiyacı olan yavru bir kedi var, üstelik yaralı. Yüklendim ziline sütçü teyzenin. Kapıyı açtı ve "Kız, ne basıyorsun alacaklı gibi kapıyı, yavaş ol biraz," diye çıkıştı. Minik ve üstü kapalı bir fırça yesem de önemli değildi, nasılsa derdimi anlatınca anlayacaktı beni. Ona da bakkala anlattığım gibi hemen anlatıverdim kedimi ve olanları. Anladı derdimi. Koştu, içeriden bir bardak süt getirdi. "Al bunu," dedi. "Süt kalmaz bu saate, hepsi sabah satıldı. Bu torunum Osman'a ayırdığım sütten. Ancak bu kadar verebilirim, idare et." Fazlasıyla yıpranmış nasırlı elleriyle saçlarımı okşadı, sırtımı sıvazladı, anneme de selamlarını söyleyip gönderdi beni. Teşekkür edip eve koşmaya başladım.

Bir an önce eve varmak istiyordum. Yavrucak aç. Yolda karşı komşumuzun oğlu Muhittin Ağabey'e rastladım. Çevirdi beni "Ne koşuyorsun deli deli, dur yavaş," diyerek.

Yavaşladım da sayesinde biraz nefeslenmiş oldum, sonra tekrar aynı tempoyla devam yola. Eve gelip boş bir gazoz şişesine sütü doldurup kediye verdiğim an, her şeye değerdi. Allah'ım! Nasıl da acıkmış! Şişenin tepesine çıktı ve bir iki dakikada sütü dibine indirdi.

Artık evde yavru bir kedimiz vardı ve benden daha çok değer görüyordu ancak bana ait olduğundan o değeri üzerime alıyordum. Mutlu olmak için her zaman bir neden mutlaka vardı benim için.

Ben uçan kuşları, öten çekirgeyi, sürünen tırtılı, şekilden şekle giren bulutları, serin haziran akşamlarını, yağmurdan sonra toprağın kokusunu, kısacası güzelliğe aralanan her şeyi seviyordum. Çünkü içimde sonsuz bir kaynak ve durmadan sevgi üreten, tık tık atan küçük bir kalbim vardı. Henüz çocuk olsam da sevgiyle koskocaman olan o küçük kalbimle bütün dünyayı sarabilirdim. Bilincim bunu onaylıyordu ve zihnim sınırlara, algılara henüz teslim olmamıştı. Bir yavru kedi gelmişti, geldiği andan itibaren tüm dünyamı ve sanki koskoca evreni renklere boyamıştı. Mutluydum, tuhaf bir huzur vardı içimde.

Etrafınızdaki olaylar ve beraberinde sunulan fırsatlar bir hayli çok. Yeter ki işaretleri okuyun ve algılarınızla bakmayı bırakın. Oluşan durumlara sonsuz olanak olarak yaklaşın. Hayatımızda var olan hiçbir olay ve akış tesadüf değildir. Alacağımız her işaret bizlere imkân ve kolaylık sağlayacaktır. Bir kedi benim ruhumu aydınlattı, günümü şenlendirdi, koşulsuz sevdi ve daha bir dolu güzellik sıralayabilirim size. Unutmayalım ki meleklerimiz çoğu zaman farklı sıfatlar ile bizlere dokunarak yüreğimizin ısısını, merhametini ölçer. Yüce Yaradan'ın elçileri hep yanımızda, hep bizimle, hep iç içe.

Talep ediyor, kedimle konuşuyordum. Sanki kedimin sihirli güçleri vardı da ne dilesem oluyordu artık. Çok sonra Hikmet Ağabeyimin dedikleri geldi aklıma: "Rehberlerin her sıfata girebilir, asla hoyrat olma. Her muhtaca koşulsuz yardımcı ol. Unutma ki fazlasıyla heybene koyar hayat bunu."

O kedinin çukurdan çıkmak için benim gücüme ihtiyacı var mıydı? Bilmiyorum. Evet, *bilmiyorum* diyorum çünkü evrendeki mucizeleri biliyorum. Aslında kediyi kurtarıp kurtarmama konusunu sanki bana sorulmuş bir imtihan sorusu gibi değerlendirmişimdir hep. Merhametimin sorgulandığı bir görev gibi... Ben sadece empati yapmış ve görevimle hareket etmiş, bunların yanı sıra da farkında olmadan küçük bir sınav vermiştim.

Bir süre sonra evimize gelen bir aile dostumuz anneme anlatıyordu, yan odadan tesadüfen şahit olmuştum konuşulanlara! "Ben, Kâbe'de dua ederken senin kız geldi gözümün önüne. Sadece ona dilim döndü. Herkesi unuttum, kendi evlatlarımı da bırakıp senin kıza dua ettim," diyordu. Ben o dönemler bunun ne denli güzel bir haber olduğunu anlayamadım, bilemedim. Ancak şimdi biliyorum.

Yapılan her güzellikte hepimizin tuzu olsun. Bir karıncayı dahi incitmeyin dostlarım. Sevdikçe devleşiyor insanın yüreği ve verdikçe zenginleşiyor bereketin. Tüm bunları okurken bile güzel hissediyorsan, yaşarken ne büyük bir coşku yaratır içinde! Bir düşün, hadi!

***

"Evrenin en güçlü şifası ve yüksek titreşimli pozitif dalgaları kedilerdedir. Dokunmaktan ve sevmekten çekinmeyin. Sevginin büyüsüyle hem şifalanın hem de yüreğinizi onarın."

"Sürekli olarak sizi çeşitli maskeler altında manipüle edenlerden uzaklaşmaya sağlıklı yaşam denir."

Cinler ve Melekler

En büyük ablamın kocası, benim görülerimin farkına varmış olmalıydı ve onun yakın markajındaydım. Haddinden fazla alaka gösterip beni irdeliyordu. İlginç sorular sorup sohbet ediyordu benimle ve ben bu durumu beni önemseyen bir büyüğüm olduğunu düşünerek asla sorgulamıyordum. Bir gün bir hafta kadar kalmak için bize geldiler. O günlerden bir sabah, ablam beni bizde oldukları müddetçe kullandıkları annemin yatak odasına çağırdı. Ne vakit bize gelseler annemler tarafından asla kullanılmayan -çünkü annemler ne kış ne de yaz aylarında o odada yatarlardı- ve hayaletlere ait bir odayı andıran, duvarındaki derin çatlaklardan yan bahçenin görülebildiği o odayı tercih ederlerdi. Oldum olası o odaya giremezdim. Sanki tuhaf bir enerjisi vardı beni boğup öldüren. Adeta yılanlı kuyusu vardı da bir anda ayağım kayıp içine düşeceğim korkusu olurdu içimde. Beni ürküten bu odaya ablamın peşinden girdim. Birkaç çay bardağı ve kahve fincanı vardı ortalıkta. İçilmiş, mutfağa götürülmemiş... Ek olarak oda leş gibi sigara kokuyordu. Küllük ağzına kadar izmarit doluydu. Sanki hiç uyunmamış, sabaha kadar sigara içilmişti. Ablamla eniştemin hali de en az odanın hali kadar tuhaftı: Her ikisi de baygın gözlerle bana bakıyordu. Hiç uyumamışlardı sanki.

Daha içeriye girdiğim anda midemde bir bulantı başlamış ve ruhuma karanlık dolmuştu. Eniştem ablamdan bir tas su istedi ve sıkıca tembihledi: "Metal tas içerisinde olsun," diye. Sonra da bana bakarak "Sen abdest almayı biliyor musun?" diye sordu.

"Biliyorum, evet," dedim.

"Hadi abdest al da gel," dedi. Ardından da ablama başımı kapatmam için bir eşarp vermesini söyledi. Her şey giderek tuhaflaşıyordu ve neler olduğu konusunda hiçbir fikrim yoktu. Sadece komut alıyor ve her söyleneni görev gibi yerine getiriyordum, otomatiğe bağlanmış bir makine gibiydim. Dedikleri gibi abdest almış, ablamın verdiği eşarpla başımı bağlamıştım. Tüm bu merasimden sonra oturttular beni yere. Sol yanımda ablam, tam karşımda ise eniştem ve yerde bir tas su duruyordu. Sigara dumanı ile kaplanmış büyücü odasını andıran o kasvetin içinde ablamla eniştem gözlerini fal taşı gibi açmış bana bakıyorlardı. Sonunda "Ne yapacağız, neler oluyor?" diye sorduğumda eniştem elindeki fotokopi çekilmiş sayfalardan oluşan kitabı karıştırmaya başlamış, ablam ise "Sus sen, bekle," diyerek sesimi kesivermişti. Bekledim. Eniştem yüksek sesle bir dua okumaya başladı, ardından suya üfledi ve "Bak bakalım, neler görüyorsun?" dedi. Neler mi görüyordum? Ne görebilirdim ki? Suyun üstü gümüş rengindeki tas ile birleşik bir saflıkta sade bir şekilde ortada duruyordu. Bir tas berrak su vardı önümde. "Anlat, neler görüyorsun?" diye yeni bir komut gelmişti eniştemden. Sesi sertleşmişti.

Hiçbir şey görmüyordum. Enişteme baktım şaşkınlıkla: "Suda hiçbir şey yok. Nasıl bir şey görmeliyim?" dedim. Sinirlendi enişte bey bu sözlerime ve haddini aşarak "İyice bak!" dedi.

Hiçbir suçum olmadığı halde bana kızması beni de içten içe öfkelendirmişti. Birden dalga geçmek geldi içimden. Başladım saymaya: "Bir çocuk var tek dişli, adı Hakkı," dedim.

Heyecanlanmış, merakla bana bakıyordu: "Eee, başka neler var?" diye sordu.

"Bir de anne baba görüyorum," dedim.

"İsimlerini sor," dedi bu kez.

"Baba İsmail, anne Güldane," dedim enişteme bakarak. Gülmemek için ise kendimi zor tutuyordum. "Sor bakalım, neler anlatacaklar?" dedi.

"Bir yol varmış, kayalıklar arasından geçiyormuş. Oraya bakman gereken bir şey koymuşlar ve onu koyan adam esmer. Sizin evin ardında bir yerlerde oturuyormuş," dedim.

Dokunsalar güleceğim ve foyam ortaya çıkınca da sağlam bir azar işiteceğim hâlbuki ama muzırlığım tutmuştu bir kere. "Başka neler söylüyorlar?" diye sordu. Ben de "Daha fazla konuşmayacaklarmış, ısrar edersek kötü olurmuş," dedim. Aslında korktuğu da belliydi yüzünden. Ablam ise dizlerini ovuşturuyor, "Karnım ağrıdı," diyordu kocasına. Belli ki ikisi de benim korkacağımı düşünürken kendileri etkilenmişti. Ben ise eğleniyordum. Neyse ki eniştem verdiğim cevapları çok sevmemiş olsa gerek fazla uzatmadı konuyu. Üstelik cevaplarım beklediği anahtar değildi. İstediği kapıdan geçmeye oldukça niyetli ve o doğru anahtarın peşinden gitmeye kararlı olduğu da zaten ortadaydı. Bu gizli kapaklı işlerinin de sonu gelmeyeceğe benziyordu. Ergen yaşta olsam da anlıyordum her şeyi.

Beni daha yakın izler olmuştu ve zaman içerisinde arkadaş gibi alaka gösterip neredeyse güvenimi de kazanmıştı. Bir hafta kalacakken on günü doldurmuşlardı ve gitmeye niyetleri de yoktu. Öyle bir eniştem olduğu için tüm komşu çocukları kıskanıyorlardı beni. Harika bir arkadaşlığı vardı, benim de sevgimi kazanmıştı bu süreçte. Misafirlikleri on beşinci gününe yaklaşırken annem homurdanmaya başlamıştı, bunu apaçık duyacakları şekilde yapıyordu. Ablam duyunca canı sıkılıyor, artık evlerine gitmek istediğini söyleyerek enişteme baskı yapıyor, huzursuzluğunu anlatıyordu kocasına. Nasıl olduysa ablam ikna etmiş eniştemi. Bir uyandım, valizleri hazır. Yerleşik düzenleri Adıyaman'da olduğu için her geldiklerinde valizler dolusu eşya ile gelirdi ablam.

Eniştem bana dönüp "Baldız, hadi hazırlan! Seni de bize götüreceğiz, annenden izin aldık," dedi. Annem belli ki gitmeleri için rüşvet olarak beni vermişti ablamlara. Tepkisizdim ama sevmiştim bu fikri. Öğlen ezanı okunuyordu biz Adıyaman'a hareket ettiğimizde. Kahramanmaraş ile Adıyaman'ın arası yüz altmış bir kilometre olduğu için ablamın evine varmamız da ikindiden sonraya yetişmişti. Bana gösterdikleri odaya yerleştim, balkonu yıkadık, sonra da ablam filtre kahve hazırladı bize. Her şey çok güzel görünüyordu. Derin bir nefes çektim içime gözlerimi kapatıp yavaş yavaş yudumladım kahvemi. Kahvenin aromatik kokusu bahçeden balkona yükselen çiçeklerinkiyle birleşince başımı döndürmüş, uzun zaman sonra konfor alanımdan çıkmak zihnimi cilalamıştı resmen. O gece, yol yorgunu olduklarını söyleyerek erkenden nodalarına çekildi eniştem ve ablam. Ay öyle parlak, öyle kocamandı ki kaldığım oda pırıl pırıldı! Sanki odama misafir gelmiş kadar yakındı bana dolunay. Yüreğime akan o duru ay ışığı uykumu da kaçırmış, tazelik ve müthiş bir zindelik ile beni kuşatmıştı. Baştan aşağıya sanki ay ışında duş alıyormuş gibi muhteşem bir huzurla dolmuş, anı yaşıyorken yan odadan gelen büyük bir patlamayı andıran o ses ve ablamın çığlığını duymamla birlikte irkilip kendime gelmem bir saniyeyi bulmadı. Benim cinlerim olduğunu düşünen eniştem yatağa uzanmış, ablama planlarını anlatıyormuş: "Biz Kevser'i ikna etsek ve cinler ile aracılık etse harika bir pazar oluştururuz. Bu işte güzel para var," dedikten sonra elinde yanan sigarasından son bir nefes çekmiş ve elini alnının gerisine doğru uzatmış. Tam karyolanın tepesinde bekleyip konuşulanları dinleyen rehberlerim, eniştemin elindeki sigarayı bir sigorta kutusunun patlama sesini aratmayacak bir ses çıkartarak yakmış ve kendilerini enişteme bu ses ile belli ederek bir mesaj vermişlerdi.

İçeride inanılmaz bir gürültü kopmuştu. Ablam ve eniştem adeta şoka girmiş, şaşkın bir haldeydiler ve ne olduğunu ise henüz anlayamamışlardı. Hâlâ sanıyorlar ki tepelerinde kendilerini gizlice dinleyen cine elindeki izmaritin ateşi çarpınca cin patladı. Eniştem cini yaktığını sanıyordu. "Nasıl kaçırdık elimizden, üstelik tam tepemdeymiş. Ben nasıl elimden kaçırırım, keşke yakalasaydım," diyor ve bunu tekrar ediyordu devamlı.

Bundan da ders çıkarmamıştı eniştem. O gecenin sabahında kahvaltı yaparken 'Baldızım..." şeklinde başlayan konuşma ve davranışlarından gayet iyi anlamıştım ki eniştemde de planlarında da en ufak bir değişiklik yoktu.

Kahvaltı esnasında her ikisi de garip ve rahat tavırlar sergileyerek adeta evleriyle özlem gideriyorlardı. Yayılarak oturan ablam, daha iki yudum çay içmişken sigara yakan eniştem, bangır bangır sesi açık olan televizyon hiç alışık olmadığım bir sabahı sunuyordu bana. Her şey üstüme üstüme geliyor, adeta boğuluyordum. Ablam ayağa kalktı ve odasını yönelip yatağını toparlayacağını söyledi. Ardından emredici bir şekilde

"Bulaşıkları yıkadıktan sonra evde serili olan tüm halıları dama çıkarıp yıkayacağız," dedi.

O odasını toparlarken ben bulaşıkları yıkamış, yerdeki halıları bile çoktan toplamıştım. O, koyu yeşil rengi hiç sevmezdim ve bu halılar da bana hiç sevimli gelmezdi. Dokusu keçeden farksızdı ve duvardan duvaraydı. Kısacası onların kapladığı bir salonda bulunmak bile hoş değildi benim için. O halıları kendi başıma taşıdım dama. Neyse ki oldukça hafiflerdi.

Ablam bir türlü odasından çıkamamıştı ve ben ise o küçük bedenimle kendimce yıkadığımı zannettiğim o koca halılarla cebelleşiyordum damda. Daha ilk halıda dizlerim soyulmuştu. Halının zımparayı andıran yüzeyi, ben kendimce bir savaş verirken kanatmıştı dizlerimi. Temmuz güneşi tüm gücü ve sıcağıyla tepemdeydi. Ablam da öyle rahat, öyle esefsizdi ki gelip bana bakmamıştı bile. Ben *ablam gelecek, bana yardım* edecek diye düşünürken, bir de baktım, eniştem geldi dama. Bu hiç hoşuma gitmemişti. Ablam öğlen yemeği pişiriyormuş, onun yerine eniştem gelmiş yukarı. Hortumla su tutarak güya yardım ediyordu. Bir türlü becerip ikinci halıya geçememiştim ve sırada bekleyen daha beş tane halı vardı. Mutsuzluktan oracıkta ölebilirdim. Alnımdaki teri silerken tepemden süzülerek beyaz bir tüy düştü köpük köpük olan o kök yeşili halının üzerine.

Başımı kaldırıp yukarılarda kuş olup olmadığına baktım, gözlerimle etrafı taradım. Yoktu, bir tek kuş bile ilişmemişti gözüme. O zaman bu tüy nereden gelmişti? Açık havada olduğumuz için savrulup bir yerden gelmiş olabilirdi. Çok güzel olduğundan atmaya kıyamadım, aldım, atletime iliştirdim. Artık o kar gibi beyaz tüy tam kalbimin üzerindeydi.

***

Ablamların evi iki katlı sekiz daireden oluşan butik bir binaydı. Ön ve arka tarafta olmak üzere iki tane müşterek bahçeleri vardı ve her ikisi de oldukça büyüktü. Böyle küçük yerlerde dam çok kıymetlidir. İnsanlar tüm kışlık erzaklarını evlerin damında hazırlarlar. Ayrıca yün yataklar yaygın olduğundan kışın kirlenen yatakların içi de yine bu damlarda temizlenir. Kısacası ablamların evinde dam da müşterek alana giriyordu, tüm binanın ortak kullanım alanıydı.

Üç numaralı dairenin kızı Naciye belirdi tepemde. 'Kolay gelsin," diyerek selamladı beni cırtlak bir sesle. 'Merhaba," diyerek kalktım ayağa. Akran sayılacak yaşlarda olduğumuz için onu görmekten dolayı sevindiğimi göstermek istedim Naciye'ye. "Yardım etmemi ister misin?" diye sormadan bir baktım, diz çöküverdi dibime. Gülerek "Kay kenara yoksa bunlar akşama kadar bitmez," dedi. Naciye ile yıkayıp yıkayıp asıyorduk halıları. Hem tanışıklığımızı pekiştiriyor hem birbirimizin hakkındaki merakımızı bol sorulu bir sohbet içerisinde gideriyorduk. İki saatlik sıkı bir çalışmanın ardından halıları yıkama işini bitirmiş, bir kenara oturup gülüşüp sohbet etmeye devam etmiştik. Nasıl güzel bir iyilik meleğisin sen, bir bilsen benim yeni arkadaşım Naciye'm...

Beklentisiz yardım etmenin kalıplara sıkışmamış halini o gün Naciye öğretiyordu bana farkında olmadan. Bu, alışkın olduğum bir davranış biçimi değildi. Demek ki insan, bir merhaba ile tanışıp samimiyet kuracak zamanı beklemeden de bir insanın hayatına dokunmayı bilmeliymiş. Yücelik sıfatı ve incelikler yine insanın içindeymiş. Meleklerimin tüy ile verdiği işaret Naciye olmalıydı. O tüyü alıp kalbimin üzerine koymam ise Naciye gibi bir arkadaşı seveceğim içindi. Bunun işaret olduğunu anladığım günden beri, en küçük tüyü bile alıp kalbimin üzerine koyar oldum.

Nice güzelliklere şahitlik ettim ben de. Mesajları tek tek toplamak çok bana keyifli ve kolay olmuştu. Her ne kadar bu bulmacayı çözmek zor gibi görünse de gayet kolaydı benim için artık. Adıyaman Gölbaşı'nda çok sevdiğim bir gönüldaş edinmiştim. Birbirimizin adreslerini alıp iletişimimize mektuplaşarak devam etme sözü bile vermiştik. Naciye'ye verdiğim sözü tuttum ve döndükten bir süre sonra mektup yolladım arkadaşıma. Malesef mektubum ulaşmamış eline, taşınmışlar. Evet, evlerinden taşınmışlardı, bir daha görüşemeyecektik belki ancak halıları yıkadığımız gün paylaştıklarımızla o çoktan kalbime yerleşmişti benim. Nerede, hangi evde, hangi şehirde yaşadığının bir önemi kalmamıştı. O zaten kalbimde yaşıyordu. Bu kitaba girecek kadar...

O günün akşamında yorgunluktan kıpırdayacak halim kalmamıştı. Öyle yorulmuştum ki bir gözüm yatağa bakıyordu. Akşam yemeği sonrası hemen yatmayı düşünüyordum. Ablam bir ilgi bir alaka gösteriyordu ki o akşam... Şoke olmuştum. Yanıma gelip halılara yardım etmedi diye günah çıkarıyordu galiba. Gösterdiği bu alışık olmadığım, abartılı ilgiye başka bir anlam yükleyemiyordum

Etkileyememişti zaten beni de. Artık aileme ait her hareketinin içeriğini bir ilaç prospektüsü gibi okuyordum bedenlerinden. Sadece inanmış gibi yapıyordum. Neden yapıyorsam?

Saat 21.00 sularıydı. Ben bir kenarda uyuklamaya başlamıştım. Günün bitkinliğinin üzerine yemeğin vermiş olduğu ağırlık da eklenmiş, uyumak üzere odama çekilmek için uykulu sesimle iyi geceler dilemiştim salonda oturan ablamlara. Dilemiştim dilemesine de odama gidememiştim. Eniştem "Baldız dur, azıcık gel otur. Biraz konuşalım," diyerek durdurmuştu beni. "Ne konuşacağız enişte?" dedim ve yanına oturdum.

"Baldız, benim bir kitabım var. Adı: Gizli İlimler Kitabı. Bu kitap yasak bir ilim içeriyor. Ben de hep geceleri okuyorum," dedi. Şaşkınlıkla dinliyordum eniştemi. Anlattıkları gizemli ve sıra dışı gelmişti. Düşünsenize, gizli ve yasak bir kitap! Kimin ilgisini çekmez ki? Elini ardına doğru daldırıp sırtındaki yastıktan bir kitap çıkardı. "Bak, bunun içinde çok fazla ilim ve bilgi var. Kimseler bilmiyor. Bu hazine bizim, bak burada," dedi. Bu, annemin odasında suya güya dua okudukları gün ellerinde gördüğüm o garip kitaptı. Elimi uzatınca eniştem elime iliştiriverdi hemen kitabı.

Tek tek fotokopi çekilerek bir araya getirilmiş sayfalardan oluşuyordu. İçine bir göz atmak için hızlıca çevirdim tüm sayfalarını. Büyü ve muska bilgileri ile doluydu. Bir iki satır okudum. Ne değişik lügati vardı. İlk defa böyle bir şey görüyordum ama hiç sevmemiştim. Ben içimde gittikçe artan huzursuzlukla kitabı incelerken "Bize senin gibi açık kumral tenli ergen bir kız lazım," dedi.

"Nasıl yani?" diye sordum. Şaşkınlık ve dehşet içindeydim, ne uyku ne de yorgunluk kalmıştı üzerimde.

"Burada bir büyü var: Evrendeki tüm bilgilere ulaşmak için. Bir cine sahip olmam lazım. Bunu da ancak senin aracılığın ile yapabiliriz çünkü tüm tariflere uygunsun," dedi.

Her zerrem ürpermişti. Eniştem niyetini apaçık bir şekilde, üstelik büyük bir heyecan içerisinde ve ablam şahitliğinde bütün gerçekliğiyle bana itiraf etmişti. "Nasıl yani?" diyebildim sadece. İkinci kez aynı cümleyle tepki veriyordum, biliyorum ancak yaşadığım dehşet ve ürperti daha fazlasına izin vermiyor, şaşkınlığım dilimi bağlıyordu. Bunun masum bir durum olmadığını anlıyordum. İlahi işleyişe kötü enerji karıştıracaklardı ve beni de buna alet etmeyi düşündüklerini alenen açıklıyorlardı. Kalbim hızlı hızlı çarpıyor, nefesim kesiliyordu. Elimi kalbime doğru götürdüm sıvazlamak nefes almak için. İşte o an öğlen oraya yerleştirdiğim beyaz tüy düştü içimden. Sakince ve huzurla süzüldü ayaklarımın ucuna. Eğildim aldım, telaşla avucumda tutarken eniştemler çocukça buldukları bu halim için "Çok mu seviyorsun tüyleri?" dediler. İştahla birer sigara daha yaktı ablam ve eniştem. Çaylar tazelendi, gözleri üzerimdeydi. Dolunay göz alıcı büyüklüğüyle salonun balkonuna yansıyordu.

Eniştem "Yarım saat sonra dolunay geçişinde bir dua okuyacağız ve sen bunu üzerinde taşıyacaksın," dedi naylon muşamba ile sarılı muskaya benzeyen şeyi bana uzatarak. O an tam karşımda daha önce görmediğim güzellikte yoğun bir enerji yansıması başladı. Gözlerimi kamaştıran bir ışıktı bu. Bu şahane enerji her zerreme ışık olarak akıyor ve içinde barındırdığı varlıklar resmen benimle konuşuyorlardı. O muskayı almamı istemiyorlar, telepati yoluyla kurdukları iletişim içerisinde uyarıyorlardı. Söyledikleri her şeyi sanki önceden beri beynimde varmış gibi buluveriyordum. Dondum kaldım sadece o an. Konuşamıyor, eniştemlerin sorularına da cevap veremiyordum. Büyülenmiştim bu güzel enerji karşısında. Ben çocukluğundan itibaren çok enerji görmüştüm ama bu enerji bir anne sevgisi gibi yumuşak, bir lavanta kokusu gibi rahatlatıcı ve güneş kadar göz alıcı parlaklıktaydı. Üstelik kalabalık bir akıştı, bu yalnız değildi. Teslim olmuştum o büyüleyici güzelliğe ve bu olay sayesinde yepyeni, bambaşka bir boyuta daha geçiş yapmıştım. Ne yorgunluğum kalmıştı ne eniştemlerim üzerimde kurduğu baskıdan etkileniyordum ne de uykum vardı. Uçuyordum adeta! O muhteşem sihrin içindeydim. Eniştemin elindeki muskayı almamı istemiyorlardı. Bunu anlatacak bir sevgi akışının içine çekmişlerdi beni.

Sonra bu sihir dolu anın her ayrıntısına bakmaya başladım ve o anda gördüğüm şeyle daha da büyülendim. Şahane bir konsey vardı bu perinin ardında ve hepsi enişteme kızgındı. O muskayı almamam için kurulan bu konseyi anlıyor ve onlara güveniyordum. Onların başka boyutlara açılan pencerelerimden içeri sızan ışık olduğunu biliyordum, çünkü rehberleriminkine benzeyen tanıdık bir enerji akışıydı bu. Eniştemin sesi ile irkildim yeniden: "Kevser, bunu al üzerine tak!" dedi emreden bir sesle. Sonra "Nereye bakıyorsun?" diye sordu ve ekledi. "Kız, muskayı takmadan mı cinleri getirdin yoksa?"

Benim enerjilerimin ona baktığını ve harika bir konseyin yanımızda olduğunu söyledim. "Arkandalar," dedim enişteme. Acayip korkmuştu, yerinden sıçradı: "Onlar da kimmiş? Kov, gitsin!" dedi öfkeyle. "Biz çağırınca gelsinler. Kov hemen!" dedi yeniden.

"Enişte, bunlar melek. Senin çağırdıklarından değil," dedim. Şoke olmuş, gözleri fal taşı gibi açılmıştı. Titrek bir sesle sordu: "Şu an neredeler ve ne yapıyorlar?"

"Arkandalar ve sana kızgın bir şekilde bakıyorlar," diye cevapladım sorusunu.

Tekrar "Kov, gitsin!" dedi ve titremeye başladı. Sanki vücudunu kontrol edemiyordu. Ellerini başına götürdü: "Başım çatlıyor ağrıdan. Nereden çıktı bu lanet ağrı?" diye söylendi, ardından da ablamdan aspirin istedi. İkisi de tuhaf hareketler sergiliyordu. Ablam telaşlıydı. Eniştem ise hasta gibi tuhaf bir hal içine girmişti.

Eniştem, beni cinler ile buluşturmaya çalışıyor, görülerimin açık olduğunu bildiğinden kötü niyetlerine hiç düşünmeden alet etmek istiyordu. Rehberlerimi diğer varlıklarla bağdaştırıp üzerimden ticaret yapmayı planlayan eniştem aniden bir hastalığa yakalandı, yaklaşık üç yıl kadar ağır tedavi gördü. Beni alet ettiği durum nedeniyle gördüğüm varlıklarla daima birlikte olduğum varlıklar çok farklı enerjilerdi. Her iki enerjinin de hışmına uğrayan eniştem, üç yıllık ağır bir tedavi sürecinin ardından ömür boyu ilaca bağlı olarak hayatını sürdürmek zorunda kaldı. Derin bir depresyonun, çok ağır ruhsal çöküşlerin içinde buldu kendini. Aynaya dahi bakamayacak, yan komşusuna selam veremeyecek bir haldeydi artık. Başına gelenlerden dersini almış olmalı ki asla bu konuya bir daha girmediği gibi namazına ibadetine bağlı bir şekilde hayatını sürdürmeye devam etti. Ben de hayatımın her evresinde yanıma aldığım bu sihir dolu konseyi her müşkül durumumda çağırıyordum. Her zaman yardımlarını rica ederek yoluma aydınlık katıyordum. Kararsız kaldığımda, iyilikle kötülüğün ayrımında ve önümü göremediğim her durumda rehberlik almaya başlamıştım.

Aslında eniştem, farkında ve bilincinde olmadan, bana büyülü bir konseyle daha buluşma kapılarını açmıştı. Keşke bunu kendi için de yapsaydı. Keşke cinleri kullanarak muskacılık yapacağına rehberlerinin ışığını ardına almayı dileseydi. Eniştem o durumdan sonra yıllarca hastalıkla mücadele etti, ruhsal sorunlar ile boğuştu. Son olarak 2017 yılında bir trafik kazası geçirdi. Başını taşa çarparak düşmüş olduğu o kazadan sonra bilinçsiz bir halde uzunca bir zaman yoğun bakımda kaldı. Artık hafızası neredeyse yok ve yarı yatağa bağlı bir durumda. Aklı dengesinin ise tam net olmadığını duyuyorum. Uzun yıllar önce tüm ilişiğimi kopardığım için arada haberlerini alıyorum. Dilerim meleklerinin şefaatini talep eder ve her şey eskisi gibi olur onunda hayatında. İyilik ile şifa diliyorum.

***

"Ruh sağlığı yerinde bir çocuk yetiştirmek istiyorsanız eğer; fidanlar, çiçekler, tohumlar ekin ve çocuklarınıza ağaçlara sarılarak hem enerji depolayacaklarını hem şifa bulacaklarını hem de topraklanacaklarını öğretin."

Koruyucu Meleğimiz

Aslında her insanın; ona sürekli yardımcı olan, saf sevgiyle kucaklayıp şefkatle saran, karşılaştığı her zor durumda hemen yanı başında duran bir koruyucu meleği vardır. Bizleri hiçbir durumda yalnız bırakmazlar, etrafımızda durup bütün işlerimizi kolaylaştırmak adına bizlere sürekli mesajlar verip işaret bırakırlar.

Koruyucu meleklerimiz, bizim hakkımızda her bilgiye sahiptir. Ayrıca bizleri hiçbir hatamızda yargılamaz ve yalnız bırakmazlar, her ne olursa olsun, çok büyük hatalara düşüyor olsak dahi, yine saf sevgileriyle bizimle olurlar. Eğer içinizde barındırdığınız bir kötülük varsa mesela paranız yok ve tam karşınızda duran o kırmızı ayakkabı, çalınmak için çok uygun konumda ancak içinizde sizi engellemeye çalışan bir ses var. Duyuyorsunuz onu, "Yapma," diyor. Size, yapmaya niyet ettiğiniz şeyin yanlış olduğunu söylüyor. İşte vicdanımızın sesi olarak tanımladığımız o ses, meleklerimizin bizi doğru olana çekmek için susmadan konuşması ve çaba göstermesidir. İçimizde yükselen o ses meleklerimizin sesidir ve bunu duyuşumuz onların en basit mesaj şekilleridir.

Koruyucu meleklerimizin varlığı, tarih boyunca, ilahiyatçılarımız tarafından da bir hayli tartışılmış bir konudur. Günümüzde ise koruyucu meleklerimizin varlığı açıklıkla bilinip kabul edilmiştir.

Meleklerimizden talep ettiğimiz sürece her işimiz kolaylaşır ve hayatımız netleşir. Çünkü bizim hakkımızda her bilgiye sahip olan koruyucu meleklerimiz, yine bizim için en doğrusunu bilip bizi doğruya sevk eder. Koruyucu meleğinizden talep edin, dile getirin ve isteyin çünkü meleğiniz sizin isteklerinizi yerine getirmek için can atıyor. Dilerseniz bir AVM'de dilerseniz bir metrobüs durağında olsun, mekân hiç önemli değil; başınız her sıkıştığında, yardıma her ihtiyacınız olduğunda ya da ikilemde kaldığınız durumlarda talep etmeniz halinde meleğiniz sizin için en mükemmel çözümü bulup yardım edecektir. Sizin yapmanız gereken tek şey, talep edip işaretleri okumaktır.

Meleğinizle yol almaya başladığınızda göreceksiniz ki bu durum, sizin de hayatınızın bir parçası hatta duyusu olmaya başlayacak. Bütün işlerinizde, sıkıntılarınızda, kararsızlıklarınızda siz de meleğinizden yardım ve fikir isterken bulacaksınız kendinizi. Biliyorum ki ilk başlarda yalnızca zor ve çaresiz durumlarınız için melekleriniz gelecek aklınıza. Zira ilk zamanlarda, meleklerimi fark ettiğim ve bana yardım edeceklerini bildiğim halde, alışkanlık kazanmadığımdan ötürü sonradan gelirlerdi aklıma. Zaman içerisindeyse bu, bir duyu ve bir refleks kadar doğal olmaya başlıyor yaşantımızda. Yapmanız gereken şey çok kolay: Talep edin.

***

"Evren ile öyle sıkı bağlar ile titreşimde olun ki titreştiğiniz her şey şifalanıp güzelleşsin ve ruhunuzun gölgesinde büyülenirken filizlensin."

Bağ Evi

Büyüyordum. Vücudum değişmeye ve ergenliğin tüm sinyallerini duymaya başlamış ve fiziksel değişimim tamamlanmaya yaklaşmıştı. Ergenlikten kurtulup genç kız olma yoluna girmişti bedenim. Evet, artık çocuk değildim.

Üç numaralı ablam Hamiyet'in kayınvalidesi, bir bağ evinde yapılacak erzak hazırlıklarına yardımcı olarak beni götürmek için babamdan izin aldı. Kahramanmaraş'ta kışlık erzak hazırlıkları genellikle bağ evlerinde yapılır, bağlardan üzüm toplanır, meyveler kurutulur, tarhana ve yufka ekmekleri hazırlanırdı. Karıncalar misali yaşar bizim yörenin insanı; yazın hazırlar, bir kış boyu rahat eder, ambarları erzak dolu olur hep.

Apar topar bağ evinde giyilecek rahat ve eskimiş olan kıyafetleri seçtim. Ne de olsa gezmeye değil, iş yapmaya gidiyorduk oraya, yeni kıyafetlerime kıyamazdım. Kıyafetlerimi elime geçen siyah bir bakkal poşetine aceleyle tıkıp hazırlıklarımı tamamladım. Tam akşam ezanı okunuyorken gideceğimiz bağ evi sahibinin oğlu arabasıyla gelip, ablamın kayınvalidesi Gülsüm Teyze ile beni bağ evine götürmek üzere almıştı. Uzak sanıyordum ama zeytinlikleri geçip patika yolu da aşmış, kırk beş dakikalık kısa bir yolculukla varacağımız yere ulaşmıştık.

Oldukça geniş bir arazinin üzerine kurulmuş müstakil eve daha ilk görüşte bayılmıştım. Kendine özgü dağınık yapısıyla bu bağ evi harika görünüyordu. Birkaç oda kapısının dışa açılarak bağımsızlaştırılmaları çok etkilemişti beni.

Evin gelini Semire Yenge karşılamıştı bizi kapıda. Harika bir kadındı. O sıcak tavrı ve ilgisiyle gönlümü anında fethetmişti. Zeytin karası iri gözleri, fındık kadar olan burnu ve üç çocuk doğurmuş olmasına rağmen zerre kadar bozulmamış o harika fiziği ile hayranlığımı kazanan bu sıcakkanlı kadını yeterince iyi anlatabildim mi acaba, diye düşünüyorum hâlâ. Çok sevmiştim onu. Müthiş enerjisine ve yaydığı o sevgi dolu aurasına bayılmıştım.

Ellerimi yıkamak istediğimi söyleyince Semire Yenge beni lavaboya kadar götürdü. Sağa sola bakındım lavabonun başına varınca. Sabun arıyordum lakin şampuana benzer bir şişe sıvıdan başka bir şey görememiştim. "Ne oldu?" diye sordu o sırada.

"Sabun arıyorum yengeciğim," deyince gülümsedi. Kocamandı gülüşü o harika kadının, güneş gibi açılıyordu yanağının kıvrımları yüzünde. "Bak işte, al," diyerek gösterdi önümdeki şişeyi. Şaşkınca baktım. "Bu sabun mu? Ben şampuan sanmıştım," deyince kıvrak bir hareketle eline sıkıp bir nevi cesaretlendirdi beni. O gün sıvı sabunla tanıştığım gündü. Kokusu harikaydı. Ben bu sabunu alır, elimi değil, saçımı yıkarım, diye geçirmiştim içimden. İlk defa sıvı sabun gören bir canlı olarak sabunun kokusuyla adeta kendimden geçmiş halimle o zengin bağ evinin iyi yürekli gelinine komik görünmüş müydüm acaba? İnsan her gittiği yerde, minik bir ayrıntı bile olsa, muhakkak yeni bir şey öğreniyor. Ben de sıvı sabun ile tanıştım bu evde. Elimi yüzümü yıkadığıma göre ben de yatabilirdim artık. Ertesi gün erken uyanacağımızı biliyordum zira çok iş vardı.

Güneş ilk ışıklarını göstermeye hazırlanırken bizim de uyanma saatimiz gelmişti. Burada erzakları hazırlamak için gün doğumundan önce uyanır insanlar. Vakit oldukça erken olmasına rağmen bol oksijen ve açık havanın verdiği zindelikle tazecik bir ruh ile uyanmıştık. Bahçede büyük ateşler yakılmış, koca koca leğenlerde hamurlar gecenin ilk yarısında çoktan yoğrulup sabah için mayalanmıştı. Evin özel hizmetlileri kahvaltıyı hazırlamış, mis gibi tazecik çayların demini aldırmışlardı bile. Bu ne hızdı böyle? Nasıl da telaşsızca yapılmış! Şaşkın ve derin bir sessizlikle etrafımı gözlemliyordum. Yerlere yufka ekmekler açılmak üzere tahtalar kurulmuştu. Şehirden gelen kadınlar kahvaltılarını yaptıktan sonra bu tahtalarda kışlık yufka açmak üzere yerlerini alacaklardı. Ben ortacı olacaktım, belliydi. Getir götür işlerine koşturacak, al ver işlerini yapacaktım. Kimin ne ihtiyacı olursa ben bakacak, çay servislerini de yine ben yapacaktım. Semire Yenge ise evi idare ediyor, yapılacak işleri organize ederek işlerin tıkır tıkır işlemesini sağlıyordu. Öğle olmadan üç leğen dolusu hamur açılıp pişirilmiş, yufka ekmeği haline getirilmişti. Hiç telaşa kapılmadan, paniklemeden şen sohbetlerin eşliğinde yapılmıştı her şey ve yorulmamıştık. İkindiye yakın ise tüm işler tamamen bitmişti. Kurulan tahtalar, yakılan ateş ve sağdaki soldaki dağınıklık el birliğiyle hızlıca toparlanmış, temizlenip eski haline getirilmişti. Çok yorulup hırpalanırım, diye düşünerek geldiğim bu evde tam tersine iş yapsam da dinlendiğimi hissediyordum.

Semire Yenge hasırdan örgü bir sepet verdi bana: "Aşağı bahçeye git. Hem biraz etrafı tanı hem de incir toplarsın, olur mu?" dedi. Bahçe tozuna aşırı tepki veren bir bünyem olsa da sesimi bile çıkarmadan kabul ettim bu teklifi. Alerjik durumumu en aza indirebilmek için uzun kollu bir hırka giyip ardından da ayaklarıma çorap geçirerek kendimce sardım sarmaladım vücudumu. Yaz ayı olduğundan sıcaktan pişsem de kabarmamanın tek yolu buydu.

Daldım meyve dolu ağaçların arasına. Harika bir huzur, tek başınalığın özgürlüğü ve yaban çiçeklerinin burnuma doluşan mis kokusunda adeta kendimi kaybetmiştim. İnsan sonsuza kadar kalabilirdi böyle bir yerde. Gözüm elimdeki sepete kaydı. Buraya kalmak için değil, incir toplamak üzere gelmiştim. Etrafa bakınıp gözüme kestirdiğim, dalları enginlere açılmış bir incir ağacına yaklaştım ve olgunlaşmış incirleri aramaya başladım. Yaprakların arasından bir ışık aldı gözümü ama güneş ışığı olmadığı belli zira güneş arkamda kalıyor. Elimi uzatıyorum yüksek dallara, ışık daha da yükseliyor. Ne olabilir bu, diye hareket eden ışığa doğru yöneldiğim an, daldan bir şey düştü yere. İncir düşmüştü herhalde. Gözlerimi yere indirdiğimde düşen şeyin tahmin ettiğim gibi incir olmadığını anlamıştım. Tam ayakucumda duran o kocaman örümcek! Hayatımda öylesine büyük bir örümceği ilk defa görüyordum, nereden bileceğim zehirli olduğunu. Tüylü kalın bacakları ve kocaman bakan gözleri ile nasıl sevimli gelmişti oysaki bana. Bir an elime almak istesem de hemen vazgeçtim bundan, korkuyordum. O sırada Semire Yenge'nin kocası Mehmet Ağabey'in sesini duydum. "Sakın dokunma!" diye bağırıyor, bulunduğum yerden uzaklaşmamı söylüyordu. Meğerse bu bölgede oldukça fazla varmış bu zehirli örümceklerden. Semire Yenge kocasını yollamış "Koş, bak kıza. Örümcekleri söylemeyi unuttum, dikkatli olsun," diyerek.

Hayatımda ilk defa zehirli bir örümcek görüyordum ve eğer ışık sandığım koruyucularım dikkatimi dağıtmasaydı, bulunduğu dala elimi uzatacaktım ve o örümcek koparacağım incirin hemen altındaydı. Belki de oracıkta zehirlenerek ölecektim ki alerjim vardı ve bu olasılık bir hayli yüksekti.

O olayın hemen ardından o ışık görüntüsünün altında benim koruyucu meleğim olduğunu fark ettim. Artık daha da fazla fark ediyordum etrafımda olanları ve tesadüf ötesi olduklarını biliyordum.

İşaretleri anlayıp yorumlamayı rahmetli Hikmet Ağabeyim öğretmişti bana. Geçireceğim her aşamayı ve neler yapmam gerektiğini tek tek anlatmıştı. İşaretler dediği şeyleri takip ediyor ve yaşıyordum. Birbirinden ayrı enerji geçişleri ve birçok rehberlerin olduğunu, her alanın kendine has koruyucuları olduğunu anlıyordum. Kısacası her olayda başka bir işaret dili okumayı öğreniyordum. Işık dilini neredeyse çözmek üzereydim artık.

Akşam yemeği için bahçeye kocaman bir yer sofrası kuruldu, tüm aile ve yardımcı olmak üzere bağ evine gelenlerden oluşan dev bir yemek şenliğine dönmüştü yer soframız. Ben hep severdim böyle sıcacık sofraları, emek kokan lokmaları. Elimi mis gibi kokan yufka ekmeğine uzattım. İçine dolma koyacak, sarıp yiyecektim ama yemeklerin başına bizim haricimizde toplanmış davetsiz misafirlerden fırsat bulamıyordum. Onlar kim mi? Aslında bahçenin hakiki sahipleri uçuşan sinekler, vızıldayan arılar... Hele karıncalar... Onlarda bir telaş ki sormayın. Her şey nasıl da büyülüydü! Ben sonunda sardığım dolmayı ayran almak için yanıma bıraktım. Sonrasında karıncalara dalmış, yemeyi unutmuşum, farkında dahi değilim. Kaldığımız evin hizmetlisi, "Yenmiyor çöpe gitmesin," diye almış.

İlk ısırığında dilinde büyük bir acı hissetmiş, çığlık attı! "Ay, bu çok acı!" diyordu. Sonra beş dakika sürmedi, dili ağzına sığmaz oldu. Gerçekten komik görünüyordu.

Dili yavaş yavaş daha da büyümeye başladı. Konuşma zorluğu çektiği kuramadığı cümlelerinden belliydi. Benim sardığım dolmaya arı girmiş meğer ve ilk ısırıkta kadıncağızın dilini sokmuştu. Yine korunuyordum ve yine yalnız değildim. "Teşekkürler!" diye fısıldadım koruyucu meleklerime. Kocaman bir selam attım orada bulunan rehber meleklere. Yufka ekmeğiyle sardığım o dolmayı ısırmamam için beni yine bir şekilde kendilerine çekmişlerdi. Artık işaretleri daha net duyuyordum ve gittiğim her yerde rehberlik ettiklerinden tek bir şüphe duymuyordum.

O günden sonra nereye gidersem gideyim, ilk olarak etrafıma ve görünmeyenin ardında olan tüm titreşimlere selam veriyordum. Tabiatın süptil sesini dinliyordum. Girdiğiniz her ortamın, her mekânın kendine ait titreşimi ve enerjileri vardır. Evrenle alışveriş halindedirler. Gördüğümüz her şey bir titreşime sahiptir. Bulunduğunuz her ortamı sevgiyle selamlayın. Aynı titreşim içerisinde rezonansa girmeniz ve enerji yasasını çözmeniz hızlanacaktır.

O son sabah erkenden uyandık. Bir hafta nasıl da güzel geçmişti! Ağustos böcekleri var gücüyle şarkı söylüyordu ve ürkek serçeler olgunlaşmış meyveleri yiyerek sabahı karşılıyordu. Son günümdü bu huzur dolu temiz titreşimli bağ evinde. İkindi vakti eve dönecektim. Bahçede minik bir gezinti yaptım, biraz yaban çiçeği topladım ve biraz da meyve. Hazır kimse yokken utangaç sesimle şarkılar söyledim. Yardım için gittiğim o bağ evi bana tatil gibi gelen harika bir terapi olmuştu. Dünyayı dinlemek, evrene kulak kabartmak, uyuşmuş beynim için uyanmak gibiydi. Bedenimden tutun, sesime kadar tazelenmiştim o bir hafta içinde.

O son günün sonunda kendi evimize akşam yemeğine yetişmiştim. Bizim evin enerjisi, ailemin negatif yüklü tutumundan dolayı hep aşırı düşüktü. Daha evime girdiğim an; ruhum daralmış, nefesim bile değişmişti.

İnsanların enerji alanı sizleri anında bir kara delik gibi içerisine çeker. Ortamınız ve çevreniz neyden oluşursa ruhunuz o kalıba hemen girer. Beyin zaten negatifi sevdiğinden hiç zor olmaz bu kara deliğin sizi içine çekmesi. Ancak ben ışık dilini çözmüştüm. Enerji alanlarını görebiliyordum ve ayrıca yüce rehberlere sahiptim. Orblarım vardı. Beni her durumda aydınlatıp kollayan enerjilerim, meleklerim vardı. Bu negatifliğe direnecek daha nice harika sebeplerim... Yalnız değildim. Kendinizi aktive etmediğinizde sistem nasıl çalışmıyorsa, talep etmediğinizde melekleriniz de size yardımcı olamıyorlar. Hayatınız ve yaşantınız sizin kontrolünüzde olduğundan rota çizmediğiniz bir durumda o dümen asla sizi varmak istediğiniz yere götürmeyecek. Savrulacaksınız! Talep edin ve rehberlerin işaretlerini okumayı unutmayın.

***

"Kendinize zihninizin zindanlarında değil, bilincinizin uçsuz bahçelerinde bulmak için izin verin. Bilinç değişirse size ve algınıza yeni bir sistem için yer açma emri verecektir. Kaderinizi o vakit yeniden şekillendirip, istediğiniz hayatı yaşamak üzere bambaşka kapılara yöneltecek olan yine sizlersiniz. İçinizdeki kaynağı bulup ışığa dokunma vaktidir."

"Sözünüz özünüzün, özünüz ruhunuzun, ruhunuz ise titreştiğiniz boyutların resmidir. İnsan olmanın yegâne teması, saflık ve iyilikle donatılmış olmasıdır. Aksi ile titreşenler ise negatif ve tüm olumsuzluklar ile test edileceklerdir. Buna da kader deyip geçeceklerdir."

Meleklerinizle Hayatınızı Yönetin

Melekleriniz sizlerin hem rehberleri hem de haritasıdır. Lütfen okuyun ve görmeye çalışın göstermek istediklerini.

Amaçları, iyilik, sadelik ve sevgidir. Koşullama yapmadan, yönetmeden, sizi siz yapan yanlarınızla kucaklayarak, yardım ederek bu boyuta uyandırırlar benliğinizi. Gönül kapınızı sonsuz olan saf sevgiye açarlar.

Hiçbir kötülük, iyilik ve güzellikle boy ölçüşecek derinliğe ve büyüklüğe sahip değildir. Çünkü iyilik demek, içimizdeki sonsuz ışıktır ve aslında içimizdeki hazinelerin yansıma halidir. Her birimizin içinde var olan hazinelerle dolu bu tapınağın kapılarını açtığımızda etrafınız aydınlanacak, sizinle birlikte parlayacak, temizlenecek. Çünkü o ışık iyiliğin ışığıdır ve sonsuz olan iyiliktir. İşte bu yüzden hiçbir kalıba sığmaz; büyüklüğü, genişliği, derinliği sınırlandırılamaz.

Mevlana'nın bir dizesinde öğütlediği gibi… "Aşk hükmetmez; terbiye eder." Meleklerimiz de bizlere sadece yol gösterirler. Asla hükmetmez ve kötüye sevk etmezler. Melekler bilindiği üzere sadece ve sadece sevgiye, iyiliğe hizmete ederler. Bilin ki her an ve her durumda bizlerden talep edeceğimiz yardım çağrısını beklemek üzere yanı başımızdadırlar.

Düşünün, doktora gittiğimizde yaptığımız ilk şey nedir? Hemen sorunumuzu anlatır, ağrıyan yerimizi gösteririz, öyle değil mi? Demek istediğim doktorun bizi iyileştirmesi için ona ilk yol gösteren bizizdir. İyileşmeyi talep eder, reçetemizi alır, çıkarız. Meleklerimiz ise sorunumuzu bilir fakat biz talep etmeden yardımcı olup yol gösteremezler. Bu durum tıpkı doktorun verdiği ilaçları kullanmadığımızda iyileşemememiz gibidir. Meleklerimiz özgür iradeye müdahale etmedikleri için talep bekler. Çünkü kader bizlerin yönetimindedir ancak rehber meleklerinizi dinleyip kaderinizi güzelleştirmek de yine bizim elimizdedir. Kısacası bu araba senin ve direksiyonda sen varsın! Elindeki haritaya bakarak varacağın adresi de sen belirleyeceksin.

Bazı zamanlar hiç geçmediğin bir sokaktan geçme hissi oluşur ve o sokakta bir mağazaya denk gelirsin. Bir de bakarsın, uzun zamandır aradığın ancak bir türlü bulamadığın şu kırmızı çaydanlık takımı vitrinde duruyordur. Aslında sizin ne istediğinizi bilen rehber meleğinizin size verdiği bir mesajı aldınız ve istediğiniz kırmızı çaydanlık takımınıza kavuştunuz. Anlatmak istediğim işte tam bunun gibi bir durum. Eğer siz bir şeyi ilk istediğiniz zaman "Sevgili yardım meleklerim lütfen rehberim olun şu (..............) talebim için bana rehberlik edin," deseydiniz melekleriniz daha en başta size istediğiniz şey için yol gösterecek ve bu denli aramanıza gerek kalmayacaktı. Verdiğim örnekte ise siz talep etmediniz ancak buna rağmen meleğiniz ne istediğinizi biliyordu. Sadece vazgeçmeden mesajlarına devam etti, mesaj verdiği bir gün onu duydunuz ve isteğinize kavuştunuz.

Hayatımızda talep etmeyi ve rehber meleklerimize kulak kabartmayı alışkanlık haline getirirsek her şey daha da kolaylaşır ve dünyanız daha zahmetsiz bir hal alır. Çünkü geri kalan zamanlarınızda daha az gerilirsiniz, daha az ararsınız, daha az yorulursunuz. Böylece hem beden hem de zihin sağlığınız anbean iyileşecektir.

Kendimden örnek verecek olursam, en çok alışveriş yapmaya gittiğim zaman yardım talep ederim meleklerimden ve o her neyse tam da istediğim gibi önüme çıkar. Böylece hem gerilmem hem de zihnim diğer seçenekleri değerlendirirken yorulmaz. Enerjim de zamanım da bana kalır. Artık arkadaş ilişkilerimde de çok danışıyorum meleklerime. Mesela yeni bir arkadaş ile tanıştım. İşte o an içimde oluşan sese özellikle dikkat ediyor, içime dönüyorum. Bu an, içimdeki diğer sesleri, yani egomun, mantığımın ve duygularımın sesini bertaraf etmem gereken önemli bir andır. Belki aklınıza şu soru gelebilir bu noktada: İçe dönmek ve tüm o sesleri bir kenara itmek uzun bir zaman gerektirmez mi? Başlangıç için evet. Ancak bir süre sonra hızlanıyor süreç. Yeter ki siz içinizdeki o sese ulaşmaya gayret edin. Artık sadece saniyeler içinde içime dönüyor; egomu, mantığımı ve duygularımı susturuyor ve geride kalanı dinliyorum. İşte o meleklerimin sesi. Eğer onu da duyamıyorsam işaretlere çeviriyorum gözlerimi ve takip ediyorum. Şimdiye kadar hep kârlı çıktım bu işten ve içime sinmeyen arkadaşlar da zaten hayatımda olmayı başaramadılar. Elbette ne üzüldüm ne vakit kaybettim ne de keşkeler oluştu dilimde.

Meleklerinize; niyetlerinizi, planlarınızı, alım satım ve imza gibi işlerinizi her zaman danışabilirsiniz. Yeter ki siz sorun. Melekleriniz mutlaka ya bir ses ya bir iz ya da bir işaret verecek ve haritanız oluşacaktır. Duyularınızı iyi dinleyin ve işaretleri görmeye çalışın.

Gerisi tıkır tıkır kendiliğinden oluyormuşçasına en hayırlı şekilde hallolur. Unutmayın, melekleriniz kaderinize müdahale edemez. Kader sizin talep ve seçeneklerinizle meydana gelir. Siz neyi talep ederseniz melekleriniz önünüze en iyi seçenekleri getirir; seçim, yönetim, şekillendirme yine sizin özgür iradenizle gelişir. Attığınız her adımda niyetiniz iyilik ve güzellikse, bütünün hayrınaysa, asla üzülüp zarar edeceğiniz bir durum da zaten kolay kolay oluşmaz. Diyelim ki bütünün hayrına attığınız adımlar, size bir gün bir vakit ötesinde sizin aleyhinize gelişti, üzülmeyin. Yüce Yaradan size daha iyisini layık gördüğü içindir. Bekleyin ve görün; bu durum için "İyi ki böyle olmuş!" diyeceksiniz. Çünkü hayal bile edemeyeceğiniz, talep etmeyi akıl edemediğimiz kadar büyük ve güzel bir şey gerçekleşir ve gerçekleşmediğini düşünerek üzüldüğünüz talebinizin hemen ertesinden gelir. Bu sizin ödülünüz! Bu hakkınızda hayırlı olandır sevgili okuyucularım. Sabrınızın, tekâmülünüzün, iyiliğinizin ve bütünün hayrına olan niyetlerinizin bir ödülüdür.

***

"Meleklerinizin ışığına dönük olsun hep yüzünüz. Bir gün doğumu kadar aydınlık olsun yolunuz."

"İnsanların kandıramayacakları tek şey enerji bedenidir. Çünkü içindeki bilge her şeyden haberdardır ve daha en baştan her şeyi bilerek dünyaya gelmiştir."

Ölüm ve Düğün

Bir Nisan sabahıydı. Annem o sabah erkenden uyanmış, "Kalk hadi ancak biter işler. Hazırlık yapacağız daha," diyerek kaldırmıştı beni de. Kalktım. Annem bütün evi kahvaltıdan önce süpürüp sildirdi. Akrabalar misafirliğe gelecekmiş. Severdim böyle işleri. Yaptım bir çırpıda, temizledim dip bucak. Mis gibi olmuştu her bir köşe. Geriye biraz kek, börek işleri kalmıştı, öğlene doğru onlar da bitti. Saat 13.00 sularında kapı çaldı, heyecanla açtım. Beklediğimiz misafirlerden amcamın karısı ve gelinlerinden oluşan ilk grup karşımızdaydı. Onların ardından amcakızları ve yeğenler derken saat 14.00'e kadar gelecek olanların tamamı bizim evin salonunda yerini almış, büyük bir gürültü içerisinde sohbet ediyorlardı. Herkesin yanında ayrı bir poşetin içinde getirdiği sözde içeri ayakkabıları gıcır gıcır parlıyordu ayaklarında. Evli hanımlar ise ne kadar altınları varsa takıp takıştırmış, ışıldayan bir kuyumcu vitrininden farkları kalmamıştı. Gösteriş için başka alanları yoktu ya... Ev davetleri ya da düğün, bayram olmalıydı bu fırsatı yakalamaları için. Hepsi ipek elbiselerini giyinmiş, kırışmasın diye diken üzerinde oturuyorlardı. Kendimi alamıyor, tek tek inceliyordum misafirleri. O sırada amcalarımdan birinin karısına takıldı gözüm. O oldum olası doğal bir kadındı ve diğerlerinden bu yönüyle hemen ayrılıyordu ancak o gün başka bir şey daha vardı: Farklı bir şey... Gözlerimi çeksem de birkaç saniye sonra tekrar üzerine kilitlenmekten alamıyordum kendimi. Onun da arada bir bana baktığını görüyordum. Arada gözlerimiz kesişiyordu. O, muhtemelen benim ilgili bakışlarımdan dolayı bana çeviriyordu gözlerini ancak ben... Tuhaf bir sis vardı eterik bedeninde ve ölümünkine benzer tuhaf, ağır metalik bir koku yayıyordu. İrkildim, bunun manasını henüz öğrenmemiş olsam da içimdeki bilge daha o kokuyu duyduğum anda fısıldamıştı bana cevabı: Ölüm kokusu... İlk kez duymuş, o kokuyu almıştım ve genzim yanıyordu. Bu duyguyla sarsılmıştım ve nasıl başa çıkabileceğimi bilmiyordum.

Öyle çok sıkı fıkı akraba ilişkilerimiz yoktu. Bizimkiler pek gelip gitmezdi birbirlerine; bu yüzden ben, kim kimin neyi olur, hâlâ pek iyi bilmem. O gün gözlerimizin kesiştiği kadın iki numaralı amcamın hanımıydı. Şeker hastası olduğunu duymuştum. Çok tatlı bir hanımdı; güleç yüzlü, pamuk gibi bir şeydi. Sık sık görmediğimden birçok akrabamı sima olarak tanırım sadece. Dedim ya kim, kimin neyi olur, pek fazla bilmem. Belki de bu yüzden büyük özlem duymuşumdur sıkı akrabalık ilişkilerine; ne güzel ve ne mutlu öyle can cana olanlara. Aralarında konuşuyorlardı: İstanbul'da yaşayan amcamın kızı Hülya haftaya hem kızını gelin edecek hem de oğlunu evlendirecekmiş. Bu yüzden Maraş'a geliyormuş. Memlekette memleket düğünü yapacakmış. "İki hafta üst üstte düğüncüyüz hanımlar," diyorlardı. Ben pek sevmezdim öyle gürültülü, patırtılı ortamları ancak benim neyi sevdiğim neyi sevmediğim pek fazla bir şey değiştirmezdi. Hiç istemesem de onlara göre genç kızım ya katılacaktım o düğüne.

Annem iki tane çeyrek altın ayarlamış, biz de düğün için kıyafet telaşına düşmüştük. Düğün bu! "El âlem ne der!" diye düşünecek, düzgün giyineceksin. Milletin gözüne soka soka altınını takacaksın! Kural gibidir bu gereksiz gösterişler bizim orada. Bizim yörenin insanı tam bir altın düşkünüdür. Kime gitsen boynunda beş altı zinciri, her parmağında altın yüzüğü, belinde altın kemeri vardır. Anlatılmaz, görülür bu durum. Fakiri de zengini de eğer düğün yapıyorsa hem altın kemer hem de altın set takmak zorundadır gelin hanıma. Bu yüzden yeni bir gelin görünce çok gülerdim haline. Kadıncağız azıcık eğilse boynu yere yapışacak. Ancak gariptir ki bana göre girdikleri, bu acıklı ve aynı zamanda komik duruma rağmen evde ne kadar takısı varsa hepsini üst üstüne takarlardı. Hani öyle kıyafetine uygunluk derecesine bakılarak takılsa belki hoş duracak ama nerede? Kafaları el âleme yapacakları gösterişe o kadar kilitlenmiştir ki ayaklı kuyumcu görünümünde dolaşmayı zül addetmez ancak gurur duyarlar. Gösteriş yapmak için harika ve bulunmaz bir alandır bu düğünler, kaçırırlar mı hiç... Neyse, bazı şeyleri ne kadar garipsese de değiştiremiyor insan, bu da benim değiştirebileceğim bir şey değildi. Gün geldi çattı. Düğüne gidiyoruz. Benim içimden zerre kadar gelmese de mecburum gitmeye. İtiraz edebilmem mümkün değil. Annem çattı mı kaşlarını olay bitmiştir.

Bir halay, bir çiftetelli döktürüyordu millet, görmeliydiniz. Düğün çok eğlenceli geçiyordu. Şenlikli ve keyifli bir ortamdı velhasıl. Ne çok genç akraba çocukları varmış, birçoğunu bilmiyordum. Üç numaralı amcamın kızı, birisini yakalamış, bana doğru geliyor ve fonda da dans müziği var. Ellerimizi tutuşturup attı bizi piste. Askere gidecekmiş, düğün sahibinin oğluymuş. Tek bildiğim bu. Biz dans etmeye başladık ama utancımdan yüzüne bakamıyorum. Sonrasında danstı, oyundu derken kaynaştık tabii.

Kaynaştık diyorum ama hala yüzüne bakamıyordum. Bana beyaz bir karanfil verdi düğün çıkışında. Alırken şaşkınlıktan sorduğum soruyu hatırlayınca hâlâ gülerim halime "Aaa! Bana mı bu?" diye saçmalayarak almıştım karanfili. Fakat bir şey daha vardı ki bu komik değildi. O karanfili aldıktan sonra göz göze geldiğim o an kalakalmış, adeta donmuştum. Bu karşımda duran yüz, daha çocuk yaşta "Evleneceğim adam kim?" diyerek uyuduğumda rüyamda kocam olarak gördüğüm erkeğin yüzüydü! Şaşkındım, afallamıştım. Doğruluk payı neydi, bilemezdim. O sadece bir rüyaydı, öyle değil mi? O zaman cevap veriyorum: Rüyamda gördüğüm, bana beyaz karanfil uzatan o gençle evlendim.

Bu arada misafir gelen ve sürekli gözlerimizin kesiştiği amcamın karısı yine o düğünde gözüme takılmıştı. Aurası siyaha dönük bir hal almıştı ve ölüm kokuyordu. Bize misafir geldiği o gün de çok üzülmüştüm. Neden bu kadar siyah görüyordum onu? Bir yandan rüyamda evleneceğimi gördüğüm adam karşımda dururken diğer yanda amcamın karısının öleceğini görüyordum. Düğüne ve ölüme ilişkin geleceğin iki gerçeği yan yanaydı beynimde ve benim bütün duygu dünyam karışmıştı. Beynim zonkluyordu, sonrasına aitse pek bir kayıt yok zihnimde. Ne oldu, ne bitti, biz ne zaman eve geldik, hatırlamıyordum. Her ayrıntıyı hatırlayan ve iyi bir hafızaya sahip olan ben, sanki aniden hafızamı kaybetmiştim.

Ertesi sabah bir gün öncesine ait son kareler beynimde yoktu ve rüyasız bir uykudan uyanmıştım. Sanki boyutlar arası bir seyyahtım, geçerken öylesine dünyaya uğramıştım. Ait hissetmiyordum kendimi hiçbir yere, hiçbir boyuta ve hiçtim o an sadece. Yatağımda yabancı olduğum odaya bakıyor, kendimi yabancı hissettiğim dünyayı dinliyordum. Duyduğum sesle tekrar o dünyanın içine çekilivermiştim aniden. Annemin sesiydi bu. Telefonda konuşu yordu annem. Soğuk ve buz gibiydi sesi başlangıçta ancak sonra değişti. Telefon kapanmıştı. "Eyvahlar olsun!" diyen sesini duydum annemin. Fırladım yerimden. Yanına gittiğimde onu ağlarken buldum. Amcamın karısı dün gece şeker komasına girmiş ve ölmüş. Duyar duymaz buz gibi bir şeyler döküldü başıma önce ve ardından gözyaşlarım yanaklarımı yakarak süzülmeye başladı. Olacağını bildiğim o korkunç şey olmuştu işte. Bu, gerçekten korkunçtu. Kokusunu aldığım, gerçekleşeceğini bildiğim bir şeydi. Bu duruma şaşmadığımı, bunu daha önce gördüğümü söyleyemedim anneme. Sustum, anlaşılmayacağım korkusuyla sadece sustum. Azar işitmemek için sessiz kalmaktan başka çarem yoktu. Benim çok iyi bildiğim bir şeydir sessiz kalmak! O yüzden zor olmadı bunu yapmak. Diğer yandan pek sıkı fıkı aile bağları olmasa da derin bir üzüntü içerisinde kalakalmıştım. Hepsinden önemlisi de bu Hikmet Ağabeyim'inkinden sonra aldığım ilk ölüm haberiydi ve onun ölümünün ardından bastırdığım duygularımı bu ölüm haberiyle adeta kusacaktım. Deliler gibi ağlıyordum ve aslında ben Hikmet Ağabeyim'e ağlıyordum. Geçmişte atamadığım acıyı, şoku ve o ana dair atılması gereken her ne varsa şimdi atıyordum. Onca zaman içime akıttığım gözyaşlarım bugün sel olup taşıyordu yüreğimden. Ben ikinci defa duymuştum o soğuk cümleyi. "Öldü!" Ne soğuk bir kelimeydi!

"İnsan nefes almayı bırakınca öldü diye terk ediliyormuş soğuk toprakların altına. Biraz yas, sonra derin hüzün, ardından özlem ve hasret giriyormuş kalanla ölenlerin arasına. Ölmek, ölene değilmiş; ardında kalanlaraymış."

Gelenler gidenler, baş sağlıkları derken ölen öldüğü ile kaldı. Çok sürmüyor boşluğunun dolması, yerinin unutulması. Ne acıdır ki ölümden daha acı olan şey, insanın en sevgilisini dahi hızla unutmasıymış. Öğrendim.

Aradan dört hafta geçmiş, düğün telaşı tamamen bitmişti. Ancak taziye ziyaretleri seyrelmiş olsa da aralıklarla devam ediyordu. Annem alışverişini bugün bana devretmişti. Bakkaldan dönerken bir boydan boya yolun kenarını kaplayan nane bahçesine ve onun kıyısını köşesini dolduran yaban çiçeklerine baktım. Kendime bir buket papatya topladım. Halk arasında itibarı olmasa da osuruk çiçeklerini çok severdim ben. Buketime biraz da onlardan serpiştirdim. Ne kadar narin bir görünümleri vardır oysa. Tek suçları adlarının karşılığı o nahoş anlamdır. Bundan başka bir kusuru da yoktur bu narin osuruk çiçeklerinin. Nane bahçesinin etrafında bu yaban çiçekleri çok olurdu ve ne şanslıyım ki bizim sokağın başı boydan boya nane bahçesiydi. Çiçeklerimi koklayarak eve yollandım.

Eve vardığımda sıra dışı bir hareketle karşılaştım. Akşama İstanbul'da oturan amcamın kızı bize gelecekmiş meğer. Evde yemek telaşı var. Ben de katıldım tabii o telaşın içine. Temizlikti, hazırlıktı derken bir koşturmacadır gitti. Annem tarafından start verilmişti bugünkü maratonumuza. "Hülya geliyor," diyordu annem. İstanbul'a dönmeden bizi de ziyaret edecekmiş.

Amcamın kızı Hülya; ela gözlü, balıketinden az fazla ama düzgün hatları olan, bembeyaz bir tene sahip, 1.65 boylarında bir kızdı. Ben çok az tanımasam da biliyordum kendisini. Bir ay önce onun en büyük oğlu ile büyük kızının düğününe gitmiştik. Dans ettiğim kişi de yine Hülya'nın bekâr olan oğluydu. İnsanın beş amcası olunca, malum ne amcakızı bitiyor ne de amca hanımı.

Yemek, sohbet, çay, hasret giderme derken ben kendi âlemimdeydim çok dâhil olmadım ortama, geçti zaman. Keyifli bir akşamdı. En azından evdeki herkesin yüzünde tebessüm vardı. Bu da eve pozitif enerji yayıyordu. "Keşke her akşam ve her gün evde misafir olsa..." diye içinden geçirmeden edemiyor insan. Ben çay, su gibi diğer istekleri karşılıyordum. Genç kız adetlerini bilirsiniz; her hizmet bize vazife edilir, mecburi görev biliriz bizler de onları. Ben arada yanlarına girdiğimde annem beni inceleyen gözlerle bakıyor, baştan aşağıya öyle bir süzüyordu ki sormayın. "Acaba neyi yanlış yaptım?" diye düşünüyordum bu yüzden. İçime bir kurt düştü, "Kızacak şimdi misafirler gidince," diye. O bakışlara neden olan hatamı bilsem beynimde savunma hazırlıklarının sözcüklerini tasarlayacağım ama yok! Aklıma tek bir şey gelmiyor.

Hülya beni oğluna yakıştırmış, anneme de bunu açmış. Dün akşam annemin beni baştan aşağı süzme sebebi, sabah kahvaltıda olanı biteni ablamlara anlatırken çıktı tabii. Hülya'nın oğlu henüz on iki yaşındayken rüyamda gördüğüm ve haftalar önce düğünde denkleşip dans ettiğim amcamın torunu Ali'ydi.

Ali 1.72 boyunda, açık kahve gözlü, siyah saçlı, atletik vücutlu, oldukça hoş bir delikanlıydı. İlk gördüğümde üzerindeki beyaz bir kot ve gece mavisi gömleği ile çok yakışıklı görünüyordu. İçimden sevindim bunu duyunca çünkü yıllar içerisinde ben bu duyguya zaten alışmıştım ve ben yol arkadaşımı yıllardır bildiğimden bana yabancı değildi. Aklıma takılan tek soru vardı: Peki ya Ali ne düşünüyordu benim hakkımda? Beni nasıl buluyordu acaba? Ali ile beni bir kafede buluşturmak üzere anlaşıldığını öğrendiğimde "Kafamdaki soruların cevabını belki de orada alacağım," diye düşünmüştüm.

Kafede bir araya geldiğimizde inanılmaz heyecanlıydım. Düğünden sonra ilk defa yan yanaydık ve yalnızdık. İnsan ne konuşurdu, ne paylaştık ki? Biz, utangaç bir danstan başka neyin sohbetini yapacaktık? Bunu düşünmek heyecanıma gerginliği de eklemişti. Neyse ki rehber meleklerim Hızır olup imdadıma yetişmişti. O heyecanlı anımda karşıma bizim okulun kantininden Ercan Ağabey'i çıkardı. Garson olarak işe başlamış gittiğimiz o kafede Ercan Ağabey. Onu görmek beni sebepsizce rahatlatmış, heyecanımı bir parça gidermişti. Çünkü arada bize şakalar yapıyor, iki kaynatıp ortamı ısıtıyor, tekrar gidiyordu. Ali ile ben bir hayli sıcak ve samimi sohbetler edip birbirimizin enerjisini çoktan yakalamıştık. Ali beni düğünde gördüğü o gün çok beğenmiş ve aklından çıkaramamış. Tek tek anlatmıştı hislerini. "Dudakların ve enerjin benim çok dikkatimi çekti," diyordu ve ekledi "Sanki seni yıllardır tanıyor gibiyim Kevser," diye. Kalbim yerinden çıkacak gibiydi.

Amcamın torunu olmasına rağmen İstanbul'da büyüdüğü için ilk defa o düğünde görmüştüm Ali'yi. Bir de on iki yaşındayken rüyamda gördüğümü sayarsam tabii iki oluyor. Yaşadığım şey, tuhaf ve bir o kadar da illüzyon gibiydi. Yıllar önce rüyamda kocam olarak gördüğüm adam, tam karşımda benimle evlilik adına tanışma, tanıma konuşmasındaydı. Öyle masallardaki gibi bir evlilik hikâyem yok ama tek tek hayatıma dâhil olan sihir dolu nice büyülü olaylar yaşadım ilerleyen yıllarda.

Ali ile ayrılık vakti geldi çattı. İstanbul'a dönüş zamanı geldiği için tekrar aynı kafede buluştuk ve sözleştik, beni her hafta telefonla arayacaktı.

Her hafta Ali'nin telefonunu bekler olmuştum artık. Evlenmeden önce askerliğini tamamlamak istediği için İstanbul'a gider gitmez gerekli işlemleri yaptırmıştı. Bu ayrılık döneminde hep iletişim halinde kaldık. Duyduğum kadarıyla her ay bir maaş kadar fatura ödüyormuş. Ödeyecek tabii, kız almak kolay mı? Ben on yedi yaşındayken Ali askere gitti ve on sekiz yaşıma girdiğimde askerliği bitmişti. Biz söz yapmaya karar aldık ve ailesi hem beni yeniden ailemden istemeye geldi hem de memleket hasretlerini aradan çıkardı. Bu çelimsiz parmaklara minik bir söz yüzüğü takıldı ve ben artık resmen Ali ile sözlüydüm.

Artık hayatım boyunca yaşayacağım olaylara, bu evlilik akdi ile canlı bir şahit dâhil oluyormuş! Bunu henüz bilmiyordum ve Ali beni spritüal anlamda daha derinlere itecek gizli elimmiş! Yaşadığım gizemli olayları, onlara şahitlik etmeyen birisine anlatsam, anlamayacak ve illüzyondan ibaret zannedecek olduğundan, onca yıllık suskunluğuma veda edip eski hayatıma ve yaşanmışlıklarıma *elveda* dedim. Artık bizzat kocam olarak bana şahitlik edecek o yüce yüreğe ise *merhaba*... Dünyamı renklerine bulayan, günüme neşe katan, yaşamımı anlamlandıran adam, hoş geldin dünyama!

Önceki bölümlerde yazmıştım: Aynı frekansta olup aynı titreşimi yayan insanlar; bir sebeple, bir şekilde, mutlak suretle bir araya gelirler. Ali ile ben aynı frekansta buluşan iki eş ruhuz. Demek istediğim, yan yana gelmemiz bir tesadüften öte yaydığımız titreşimdendi. Eş ruh demek; sonsuz mutluluk, sonsuz uyum anlamına gelmez. Bizlerin de gayet normal kavgaları, fikir ayrılıkları olur. Eş ruhlar, birbirini tamamlamak üzere bir araya gelirler ve sonsuz uyum ile aynı şey değildir bu durum. Hayatlarımız da kendi içsel yolculuğumuzun haritasıdır ve bir nevi eş ruhumuz tekâmüle giden yolumuzun ışığıdır, rehberidir.

Bir yıldan beri sözlü olduğum Ali, artık düğün için acele ediyor ve on dokuz yaşıma gireceğim 18 Haziran'ı ilk defa bir başkası da benimle birlikte bekliyordu. On dokuz yaşına adım attığım gün evlendik. Hayatımın renkleri daha parlak, günleri daha değerli, sabahlarım daha yaşanası bir hal almıştı. Zaman her yeni günle beraber güzelliklerini daha da büyüterek, daha büyülü bir hal içinde sunmaya başlamıştı bana. Düğünümüzde Hikmet Ağabeyim'in bana emanet ettiği kol düğmelerini taktım kendi ellerimle Ali'ye. Hikmet Ağabeyim vasiyetini yerine getirdiğimi biliyor, gülümsüyordu ve onun bu halini de ben duyuyor, seziyordum. Çünkü ölenin beden olduğunu, ruhların ise daima yaşadığını öğretmişti bana ustam. Ali hayatımda bana sunulan bir ödül, bir rehber, yol arkadaşı ve her şeyden önce mükemmel bir baba oldu. Ve evet, on iki yaşımda rüyamda gördüğüm adamla evliydim, üstelik yalnızca onu değil, iki oğlumuz olduğunu da görmüştüm. İki tane de oğlumuz oldu çok şükür. Artık yaşadığım olayları onunla çekinmeden paylaşıyordum ve her paylaştığım olayın ardından bir kapı daha aralanıyordu. Üstelik eşim de bunu fark etmeye başlamıştı. Gördüğüm rüyaların kritiğini beraber yapıyorduk, duyduğum seslerin peşine beraber düşüyorduk. O sesleri takip ederek yolumuzu bulmayı da beraber öğrenmiştik. Hayat karşımıza öyle olaylar çıkarıyor, bize öyle şeyler sunuyordu ki adeta bizi bizimle deniyordu.

Çevresel etkilerin yanında benim görülerimden rahatsız olan ailesi de ilk yıllarımızda evliliğimizin üzerine sis gibi çökmüştü doğrusu. Birçok defa yenik düşmek üzereyken rehberlerimizin ışığı, koruyucularımızın yol göstermesi sayesinde yine ve yeniden küllerinden doğan bir Anka gibi güçlü ve yıkılmaz bir birlikteliğe dönüşmüştü evliliğimiz. Kopmadıkça güçleniyor, sarıldıkça devleşiyor, ısrarla mesajları duyup yola devam ettikçe de bambaşka bir dünyaya *merhaba* diyorduk. Anladık ki hayatta hiçbir acı boşuna değilmiş; anladık ki hayatta hiçbir kötülük, gerçekten kötülük değilmiş! Çünkü her biri bir deneyimdi ve bizi biz yaptıkları için onlara her zaman şükran duyduk. Öldürmeyen her şey bizi güçlendiriyormuş, bunu da yaşayarak öğrendik. Artık ne zalimlerin oyununa gelecek ne de kıskanç gözlerin hedefi olacak kadar toyduk. Birbirimize yemin gibi sarıldık.

Anne de olmuştum, benim de çekirdek bir ailem vardı. İlk oğlum Can'ı kucağımıza almıştık. Üstelik oturduğumuz ev dar gelmeye başladığından çekirdek ailemize daha büyük bir ev bile bulmuştuk. Evimizden taşınacağımız sabah merak ve heyecan içindeydim. Aklımda yeni evimizde yaşayacaklarımıza dair sorular dolanıp duruyordu. Acaba ikinci evimizde neler ile karşılaşacaktım? Ne gibi mucizelere şahitlik edecek, kimlerin gönlüne konacaktım? Kim dokunacaktı dünyama ve ben nasıl bir sihir yaşayacaktım, kim bilir? Yeni evimizin titreşimini, oranın yaşayan aurasının beni nasıl bir büyü ile saracağını, hepsini ama hepsini merak ediyordum.

***

“Uyanışınıza adapte oldukça kulağınıza gelen seslerin sihri çoğalacaktır. Duyduklarınızı hayatınıza koydukça büyülerin işleyişi sizi bile şaşkına çevirecektir ve iyiliği ders edinip ruhunuzu besledikçe de yükselişiniz kaçınılmaz olacaktır. Sonsuz boyutlara ulaşmak için sadece duyun ve işlemesi için harekete geçin. Hiçbir şey yapma imkânınız yoksa yürüyün.”

Yeni Evim ve Rüyam

Öyle güzel bir gün içerisinde, öylesine güzel ahu gözlü bir ceylana denk gelmiştim ki o güzelliği anlatmak biraz güç olacak. Yanık bronza dönük teni, yıldızlı bir geceyi andıran göz derinliği, uzun kirpikleri ve müthiş kıvrımları vardı. Henüz on sekizindeydi. Bu güzelliğin günümü ışık gibi aydınlatıp, güneş gibi ısıtıp beni sevgisiyle yıllarca saracağını daha o gün anlamıştım! Çünkü gülünce çiçek bahçesine dönen, oyuk oyuk kocaman gamzeleri vardı. Yıllara asla yenik düşmeyen arkadaşlığımızın ilk merhabasında aydınlandı adıyla yüreğim. Merve, melez güzelliğiyle tabiri caiz olursa tam bir afet-i devrandı. Merve ile dostluğumuz çok uzun yıllara dayanıyor ve artık neredeyse birlikte on beş yıl eskittik. Onun için rahatlıkla kız kardeşim diyebilirim. Öyle masum, öyle iyi niyetlerle doludur ki yüreği, birini incitmeyi aklının ucundan dahi geçirmez. Hadi diyelim istemeyerek incitti, asla gocunmaz, doğruca gidip alır gönlünü kırdığının. Ve Merve, o ruh güzelliğiyle yeni evimin açan goncası ve gönlümün İspanyol gülü olmuştu.

Biz, Merve ile İstanbul'daki ikinci evimde tanışmıştık. Alt komşusuydum. Tanışmak için kapımı çalma nezaketinde bulunduğu gün, eli bir çaydanlık kazasında yanmış olmasına rağmen kapımı çalıp merhabasını esirgemeyen zarif bir dosttu o.

O yanık sayesinde daha hızlı kaynaşmamıza vesile olmuştu. Aslında o çaydanlığa bir teşekkür borçluydum, bana yüreği okyanus büyüklüğünde bir dost edinme fırsatı vermişti. Ben yanığı merhemle sardıktan sonra pratik şifa aktarımı yapmış, bir hayli ilgilenmiştim o gün. Her günümüz neredeyse birlikte geçer olmuştu. Birbiriyle zaman geçiren iki arkadaştan çok daha fazlasıydık artık. Ona psişik yanımı anlattığımda, birçok olayıma şahit olduğundan çok hızlı adapte olmuş, bana uyum göstermişti. Yılların özlemi Merve ile son bulmuş, sonunda olması gerektiği gibi bir kız kardeşim olmuştu.

Merve'nin beni kahve içmek için davet ettiği bir gece öyle yorgun ve halsiz hissettim ki kendimi, sonunda müsaade isteyip evime inmiş, uyumak üzere hazırlıklarımı yapmış, hemen de uykuya geçmiştim. Rüyamda sütten daha beyaz tenli, yuvarlak çehreli, elli beş yaşlarındaki bir kadın bal rengi gözleriyle bana bakıyor ve "Yavrum, yarın seni bekliyorum. Gel e mi!" diyordu. Adres yok, olayda mantık yok, elimde rüyamdan başka veri de yok! Uyandım ve Merve'yi aradım. "Üzerini giyin, aşağıya in," dedim. *Neden* diye sormaz mı insan? Sormadı Merve. Kapıya geldiğinde "Girme içeri, çıkıyoruz," dedim. Daha elini zilden bile çekmemişti kapıyı açtığımda. Onu bekliyordum çünkü acelem vardı. Ama ne için acele ediyordum? Doğrusu bunu ben de bilmiyordum.

Yürürken hızlı hızlı adımlar atıyorduk, nefesimizle senkronize olmuştu ayak seslerimiz. Kısaca anlattım. "Gece bir kadın beni beklediğini söyledi rüyamda," dedim. Durdu, baktı, tek cümle bile sormadı, sanki kızın ağzı dili bağlanmıştı. Merve sanki bu olayların yanında bana destek ve yoldaş olması için önceden tasarlanmış ve yoluma çıkarılmıştı, bunu yıllar sonra anladım. Ayaklarımız tanıdık olan sokakları aştı, geçtik gittik. Bir sokak daha kalmıştı tanıdık bildik. Ayaklarımızın bizi götürdüğü o sokak, hamileliğim boyunca beni takip eden doktorumun muayenehanesinin bulunduğu sokaktı. Durduk, göz göze baktık üç dört adım sonrasında da ince bir sokak kıvrımına ayrılan o dar geçidi gördüm ve az daha ilerleyince bir binaya ait müşterek kapıyla karşılaştık. İşte tam orada durdum. O kapının önünde... Hangi zile bastım, onu ben de bilmiyorum. Deli miydik biz? Ne yapıyorduk?

Otomatik açılan kapının mekanik sesinden sonra, çok tatlı bir ses duyuldu. Üçüncü kattan aşağıya hafifçe yankılanarak gelen ses "Geldin mi kızım?" diyordu. Bir anne sesindeki ah o şefkat! Kime dedi? O ses bana mı diyordu? Bilmeden sebepsizce "Geldim," diyerek yukarıya doğru koşar adımlarla çıkmaya başladım. Kapıda bizi bekleyen o kadın tanıdıktı, dün gece rüyamda zaten karşılaşmıştık. "Sizi bekliyordum. Neden geç kaldınız?" diyerek öyle bir sarıldı ki inanın, şu an sizler için bu satırları yazarken gözyaşlarıma hâkim olamıyorum. Saf sevgiden oluşan o muhteşem kadın, ağırlamak üzere bizi içeri alırken ben sanki bir rüyanın içerisindeydim ve her şey nasıl bu kadar tanıdık olabiliyordu, anlamıyordum. Her şey sihirliydi sanki. Merve bir bardak su istedi, ben koltuğa yerleştim. Ben etrafı incelerken o süt rengindeki kadın elinde zemzem kupalarıyla dolu gümüş bir tepsi içerisinde bize zemzem suyu ikram etti. Eğer yalnız başıma olsam bunun ya rüya yahut bir beyin yanılsaması olduğunu düşünüp en yakın hastaneye koşa koşa giderdim lakin ya yanımdaki... Merve de mi rüya görüyordu? O da mı benimle aynı yanılsamamın içerisindeydi? Bu olamazdı. Kadın bizleri el işi yaptığı kasnağa doğru eliyle yönlendirdi ve "Bakın," dedi. "Bunlarla zaman geçiriyorum ve Osmanlıca lügatini öğreniyorum. Kimsem yok benim sohbet edeceğim," diyerek gözlerime baktı. "İyi ki geldiniz!" diye devam etti konuşmaya. "Canım çok sıkılmıştı." Elini elimin üzerine koyup sevgi dolu bir bakışın içerisine çekti beni. Etrafımız antikaya benzeyen birçok tabloyla doluydu. Çok değerli olmalıydı bu tablolar zira bir hayli eski görünüyorlardı. Bir saat kadar oturduk orada. Sarıldı, beni öptü tekrar tekrar. Defalarca "Kızımsın sen benim," dedi durdu. Tuhaf bir huzurdu yaşadığım şey, tarifi yok, betimi yok, izahı yok!

Merve ile haftanın iki günü gider olmuştuk artık oraya ve öyle derin, öyle incelikli konular açardı ki her gittiğimizde sohbet kendiliğinden akar giderdi. Merve hipnoz olmuş gibi hep aynı koltuğa oturur, sadece gülümser ve onay veren kafa işareti dışında hiç karışmazdı sohbetimize. O dönemler benim hiç dikkatimi çekmezdi bu, tabii Merve'nin de dikkatini çekmemiş zira çok sonraları neden ki dedik, neden? Merve neden bu kadar tepkisizdi?

Bir gece yine rüyama geldi o teyze ve "Yarın gel kızım. Seni bekliyorum," dedi. O sabah Merve kahvaltıya bana geldi. "Kahvaltı sonrası gidiyoruz. Gece yine çağırdı," dedim. Kahvaltı sonrası ayaklarımız koşa koşa götürdü yine bizi o gizemli sokağa, o gizemli eve. Gariptir ki ne adını biliyorduk ne de bu durumdan herhangi birine bahsediyorduk. Anlaşılacak gibi değildi ve zaten hâlâ anlamadığım bir şeydir bu. Kapıda bu defa Merve'nin ellerini tuttu, daha içeri bile almadan üstelik. "Bu parmağındaki imitasyon yüzüğü çıkar, kısmetin seni arıyor evlenmek üzere," dedi. Merve itiraz etmeden yaptı dediğini, çıkardı, cebine koydu. Aradan bir ay bile geçmeden nişanlandı Merve ve şu an dünyalar güzeli iki de evladı var.

Beni o gün balkonuna aldı teyze. Tuhaftı, ev yan sokakta bulunmasına ve caddeye uzak olmasına rağmen, ayrıca sokaktaki tüm evler sadece ön ya da arka sokağı görebilme olanağına sahipken bu evin nasıl oluyor da caddeye bakan bir balkonu olabiliyordu? Buna şaşmalıydım ancak o büyülü anın içinde balkondaki tuhaflığı fark etmemiştim bile. Ben o ana kilitliydim. Saatler nasıl akıyor, zaman nasıl geçiyordu? Bilmiyordum ama o sohbet can suyu muydu neydi, canıma değiyordu.

Merve yine aynı koltuğunda oturmuş, hiç kımıldamıyordu. Bizi duyuyordu, o odada konuşulan her şeye şahitti ama oradan her ayrılışımızda durumu aynıydı: Hiçbir şey hatırlamıyordu! O gün veda gibi bir şey oldu; bana parmağından çıkardığı yuvarlak tozpembe rengi taşlı olan gümüş yüzüğünü parmağıma geçirdi. Güldük zira çok cılız kalmıştı parmaklarım o yüzüğün heybetine karşılık. Dedi ki bana "Vasiyetimdir sana: Sen dünya tarihinde konuşulacak bir kadın olacaksın ve o gün geldiğinde bu cılız parmaklarına bu yüzük olacak, ben de her nerede isem bunu hissedip bileceğim." Avucuma koydu, elleriyle kapattı ellerimi, sımsıkı sıktı, sıktı.

Evde mücevher kutuma koydum yüzüğümü. Her gün sabah açıp bakıyor, arada bir deniyor, "Parmağıma ne zaman olacak acaba?" diye sabırsızlanıyordum. Hikmet Ağabeyim'in kol düğmeleri kadar değerli olduğu için ikisini aynı kutuda saklıyordum. Günlerden bir gün evime hırsız girdi ve tüm her şeyimle birlikte o yüzüğüm de çalındı. Günlerce ağladım, senelerce de rüyamda yüzüğümü gördüm ve bir daha o evin kapısını bulamadık!

Sokağa gidiyor, Merve ile binaya bakıyorduk. Evet, bina var ama kapısı yok. Kapısız bina olur mu? Etrafında geziyor, bakınıyor, araştırıyorduk ama yoktu işte. Yoktu, kapısı yok! Sürekli uyumaya başladım, belki rüyama gelir yine o teyze diye ama asla bir daha görmedim. Sevgili rehber meleğimin sıfata bürünmüş haliyle karşımda olduğunu yıllar sonra bilecektim.

Rüyalar da rehberlik eder insanlara sevgili okuyucularım, yeter ki sese kulak verin. Sadece duymayın. Durun, dinleyin ve anlayın. Artık göremesem de rüyalarımda, zaten benimle hep yan yanaymış. Ne mutlu ki sarıldım, öptüm, dokundum, vücut bulmuş haliyle tanıştım. Yolumu aydınlatmış, çok fazla kadim bilgiler aktarmış ve görevini tamamlamıştı. Yüzük çalınmasıyla da yaşadığım olayın tılsımı kayboluvermişti. Seni seviyorum rehber meleğim, çok teşekkür ederim bana öğrettiklerin için. Lütfen yanımda dur; beni yine sevginle, o muhteşem ışığınla sar ve koru. Yoluma rehberlik edip beni hep güzellikler ile buluştur. Yanımda olmanı talep ediyorum ve sonsuz teşekkür ederim.

***

"Cümlelerinize dikkat edin! Bütün kelimeler sihirlidir."

"İyilik de kötülük de o büyünün filizinde ve tohumu da sizin elinizdedir."

"Arzularınız ve istekleriniz gerçekleşene kadar gizleyin çünkü en sevdiğinizin bile içini bilemezsiniz. Mesela sizin istediğiniz annenize doğru gelmeyebilir. Siz dilediğinizi annenizle paylaştığınız için de anneniz içten içe olumsuz enerji yükleyebilir ve bu durumda dilekleriniz bloklanır, gerçekleşmez. Her ne istiyorsanız olana kadar evren ile aranızda sır olarak saklayın. Sadece kendi enerjiniz ile frekansa girerek rezonans alanınızı oluşturun."

Melekler ve Şekilleri

Meleklerin gerçek halleri, ruhani yapıları ve yaradılışları nedeniyle çoğunlukla görünmez, nur varlıklardır. Bu durum tüm ruhani yaratılanlar için Kuran'ı Kerim'de "temessül" kelimesiyle anlatılmaktadır. Birçok örnekte de anlatıldığı üzere, bizim yaradılışımıza uygun görünecek halleriyle karşımıza çıkar, aramıza karışırlar. Bazen bir insan sıfatında, bazen masum bir kedi, dalda bir çiçek ya da bir bulut... Her an, her yerde zaten bizlerle birliktelerdir. Tüm çıplaklığıyla tam hallerini görmek neredeyse imkânsızdır ve zaten görünen de sadece bizim zihnimizin oluşturduğu halidir, hissedebildiğimiz kadarıdır. Bazen kendilerini gösterme şekilleri derin bir ışık geçişi halinde olur, bazen bir şimşek çakması gibi görünürler. Fakat genellikle nur şeklinde erkek ya da kadın kılıfına girmiş halini görürüz. Tekâmüle ulaşmış ve meleklerle iletişim yolunu öğrenmiş kişiler, her meleğin rengini ve işaretlerini kolaylıkla görebilir. Belki bir ses ya da bir resim olarak... Ama mutlaka görünürler.

Aslında burada zihnin önemi çok büyüktür. Hiçbir meleği tam olarak görmek yaratılışımıza uygun değildir. Beş duyumuzla hissetmek ve zihnimizle kılıflandırmanın dışında asla yaradılış şekillerini göremeyiz. Bizlerin yaratılışına uygun değildir. Sadece ölüm anımızda ruhun vücudu terk edişinde Başmelek Azrail'i göreceğiz gerçek haliyle. Yüce nuru, göz alıcı ışığı ve tüm saf sevgisiyle yanımızda olacak, çıkacağımız o sıra dışı yolculuğu daha eziyetsiz kılmak adına hazır bulunacaktır. Her ne kadar Başmelek Azrail ölüm meleği olsa da aslında o bizim ölüm vuku bulurken ne büyük yardımcımızdır. Ruhumuzun bedenden ayrılışında daha az acı çekmemiz için vardır, sevgisiyle şefkatiyle durur yanımızda.

Bir gün aniden bir şimşek çakması kadar etkili, keskin bir ışık oluşursa hiçbir neden yokken, bil ki bu senin meleğinin sana görünme şeklidir. Ya da diyelim ki harika bir koku sardı etrafını ve bunu sadece sen duyumsuyor, o güzel kokuyu yalnızca sen alıyorsun. Çok şanslısın çünkü meleğin yanında. Sana işaret verip "Buradayım," diyor.

Bir de melek enerjileri "ORB" diye bildiğimiz minik ışık huzmeleri vardır. NASA'da görev yapan bilim adamı Prof. Klaus HEINEMANN, paranormal Orbların gerçekliğini destekleyen bir açıklamalar yapmıştır.

Orblar en çok da hasta olan ve hastanelerde yatanlara şifa için bulunurlar. Bir futbol topu büyüklüğünde de olabilirler, bir misket büyüklüğünde de. Grup halinde gelir, şifalandırıp giderler. İnternette objektiflere yakalanmış birçok şifacı Orb görüntüsüne ulaşmak mümkündür. Benim Orbum bir futbol topu büyüklüğünde gelirdi onu ilk görmeye başladığımda. Çok sonraları fark ettim ki benim farkında olmadığım bir rahatsızlık varmış vücudumda. Orblar ben fark edene kadar hep şifalandırdılar beni. Sonsuz minnet ve teşekkürlerimle…

Önceliğiniz, her durumda, modern tıptan yardım almak olsun sevgili okuyucularım. Unutmayın, alternatif tıp ve bütüncül şifa terapileri, rahatsızlığınızın sadece belli boyutunda size faydalı olacaktır. Alternatif tıp ve bütüncül şifa terapileri, işin ruhsal ve özellikle de motivasyon bölümünde büyük rol almaktadır

"Etrafında kimler varsa önce onlara bak ve hangi enerji ile titreştiğinin ölçümünü yap. Unutma, sen ne isen ve nasıl titreşiyorsan etrafın bundan ibaret olacak! Hayatına çektiklerine dikkat et. Bariyerler senin elinde."

Şirinevler

İstanbul derinden âşık olduğum bir şehir olsa da burada ev sahibi olmadan olmuyormuş. Kentsel dönüşüm için evi boşalmamız rica edilmişti ev sahibimiz tarafından. İzleyen sekiz yıl boyunca da her yıl ev değiştirmek zorunda kalmıştık. Yenileme zamanına bir ay kalmıştı ve zaten kontratımız da bitmişti. Öyle ya da böyle bizim için değişmiyordu sonuç: Evden çıkmak zorundaydık.

Ferah bir ev arıyordum. Evlendim evleneli yaşadığım Bahçelievler'i çok sevdiğim için bu civardan bakınıyordum ısrar ve inatla. Bir dolu güzel yürek kazandığım bu semt, nice güzellikleri tattığım şu dar sokak... Nasıl gideceğim senden, ben de bilmiyorum. Şirinevler'den bir diş kliniğinin hemen üst katında kutu gibi ev buldu Ali. İşime de geldi, hayır demedim çünkü çok uzaklaşmak istemiyordum. Dostlarım, kız kardeş özlemimi gidermişti ve nasıl ayrılırdım ki onlardan? Arkadaşlarıma sıcacık bir aile bağı ile bağlanmıştım ve onlar olmadan bu hayat soğuk çay, bayat ekmek gibi geliyordu artık bana. Kısacası Şirinevler benim için piyango ikramiyesi gibi olmuştu. İstanbul'da ev bulmak ayrı bir derttir zira ya ev kullanışsızdır ya da semti yaşanası değildir.

İçime yatan bir ev bulduğumuz için kendimi şanslı hissediyordum ancak hangi mucizeler için bu eve çekilmiştim, ben de bilmiyordum henüz. Acaba bu evim benim hayatıma nasıl bir iz bırakacak, nasıl bir öğreti olacaktı, kim bilir?

Tam karşımdaki dairede yaşlı bir teyze ikamet ediyordu. Bana ilk taşındığım haftanın salı sabahında "Merhaba evladım, hoş geldin!" dedi o sakin, o narin ses tonuyla. Biraz bezgindi bakışları, yıllar ona çok zalim davranmış olmalı ki sırtındaki kamburu bir hayli acımasız duruyordu. "Nebiye benim adım evladım," dedi. "Bir şeye ihtiyacın olursa çekinme, çal kapımı," diye ekledi zarifçe.

"Merhaba teyzeciğim, çok memnun oldum. Benim adım da Kevser. Lütfen uygun bir zamanda kahve içmeye gelin," dedim. Ziyareti o hafta başında gerçekleşti. "Ah be yavrum, gençlik ne güzel!" diyordu. Elindeki çay bardağını sıkıca tutuyordu, belli ki titreyen ellerini saklıyordu benden. İki tane torununa bakıyormuş, kızı akciğer kanserinden geçen yıl ölmüş. Büyük torununun tam da ergenlik zamanına denk gelişinin onu çok zorladığını anlatırken dudakları titriyor, gözyaşı dökmemek için kendiyle mücadele ediyordu. O "Haydi oğlan küçük, aklı bile yetmiyor," diye anlatmaya devam ederken, içini döküp rahatlasın diye, tek kelime edip lafını kesmiyordum ve sonsuz suskunluğumla dinliyordum. Büyük torunu on altı yaşlarında, yeşil gözlü, sarıya dönük bir teni ve altın rengi saçlarıyla Almanlara benziyordu. Çok güzel bir kızdı. Adı Arzu olan bu genç kızın, buhran dolu ergenliği bu yaşlı teyzenin kamburuna bir kambur daha ekliyordu. "Arkadaş olur musun?" diye sordu Nebiye teyze bana. "Lütfen evladım, hiç düzgün arkadaşı yok etrafında. Hepsi madde bağımlısı. Bana yardım et," diyordu yeni tanımaya başladığı birine, bir yabancıya içini döküp yardım isteyecek kadar yalnız ve çaresiz olan teyzem!

"O yalnızlığı iyi bilirim. Nasıl yardım etmem, nasıl seni bu çaresizlikle baş başa bırakırım?" dedim sıkıca sarılıp öpe koklaya. Duygulandı, yanaklarından süzülen yaşları sildim.

Bir muhabbet kuşu hediye etti bana Nebiye teyzem o hafta içinde, kendi kuşlarına yem almaya gidince bana da kuş almış. Nasıl da nazik, nasıl da koca yürekliydi! Ah bir bilseniz! Açık mavi tüylerinin göz alıcı güzelliğini, minik kırmızı noktalarıyla tamamlayan ve adını Fırfır koyduğum bu kuş tam bir zekâ küpüydü. Ben çok kedi besledim ama ilk defa bir kuşum olmuştu. Bir kuş için çok anlamlı bakan gözleri vardı.

Yeni evime alışmış, Arzu'yla da kontak kurmayı başarmıştım. Birlikte zaman geçiriyor, bol bol sohbet ediyorduk ve artık dertleşecek kadar da sevmeye başlamıştı beni. Dizime yatar, saatlerce gözyaşı dökerdi. "Anne, anneciğim çok özledim seni," diye için için ağlarken o bembeyaz teni kan kırmızı bir goncaya dönerdi. Nasıl da incinmişti bu zamansız ölümüyle annesinin, nasıl çaresiz kalmıştı körpe yüreği! Bu acıları taşıyamıyor, taşıyamadıkça anneannesine yıkılıyordu yükleri. O kadıncağızın da kamburu sızlıyordu torununun durumundan. Çok zor bir durumun içinde sıkışıp kalmıştım.

O günlerden birinde akşam yemeğini hazırlayıp Ali'nin gelişini beklemeye başladım. Mutfak camı caddeye bakıyordu. Arada gökyüzüne bakıp rehberlerimden yardım istiyor, bir yandan da gözüm yolda kocamı bekliyordum. Salona geçtim bir müddet sonra. Camda beklemekten sıkılmış, biraz oturmaya karar vermiştim. O anda takıldı gözüm kafese, Fırfır yoktu içinde. Bu nasıl olurdu? Paniklemiş bir halde fırladım yerimden. Kaçabileceği tek bir cam yoktu, ayrıca olduğunu varsaysam bile kafesinden çıkması imkânsızdı zira kafesin kapısı kapalıydı! Bunu bilmeme rağmen yine de sağa sola bakınıyor, gitgide daha da telaşlanıyordum. Bulamamıştım, yoktu

Fırfır, yoktu evde! Kafesini hiç açmadığımı gayet iyi biliyordum, açmış olduğumu farz etsem bile kuş çıktıktan sonra kafesin kapısını kapatacak değildi ya! Tüm bunlardan emin olmama rağmen tekrar döndüm kafesin başına, kontrol ettim: Kilitliydi. Tuhaf olan bir durum vardı ama neydi bu?

Kapı çaldı o sırada, Ali geldi. Sofrayı hazırlarken bir yandan da ona olanları anlatıyordum: "Ali, Fırfır yok ve kafesi kapalı. Hiç çıkarmadım ama kafesinde yok!" Birlikte aramaya başladık Fırfır'ı çünkü çıktıysa da evin içinde olmalıydı. Ses vermesi gerekti fakat o da yoktu. "Büyük ihtimal bir yere sıkışmıştır," dedi Ali ama öyle olsa sesi çıkmaz mıydı? Evet ya kuş bu! Vereceği ilk tepki ötmekti. Tam dört gün aradık evin içinde Fırfır'ı. Televizyon ünitesini dahi kaldırıp baktı Ali, "Acaba altına sıkışmış olabilir mi?" diye. Kuşa ait tek bir iz yoktu. Ben artık takılmıyordum, umudumu da kesmiştim. Nasıl olduğunu bilmiyordum ama kuşum kaçmış olmalıydı. O sabah, Ali kahvaltısını yaparken bir yandan da Arı Maya'yı izliyordu. Ali, Arı Maya'ya bakmadan hayatta işe gitmez, aramızda kalsın bu ama. Kahvaltısını yaptıktan sonra onu uğurladım, ardından evi toplamak üzere salona yöneldim. Tam koridora girmiştim ki o sesi duydum; Horlama sesi. Bir horlama sesi gelmeye başladı yatak odamdan. O an refleks ile odaya döndüm, ses kesildi. Takılmadım, önemsemedim ancak sırtımı döndüğüm an öyle bir horultu yükseldi ki başka yerden gelmesi imkânsızdı. Ses kesinlikle yatak odamdan geliyordu!

Anahtarımı kaptığım gibi hızlıca terk ettim evi ve Nebiye teyzelere attım kendimi. Tek tek anlattım her şeyi; kuşun kayboluşunu ve odadan bir horlama sesi duyduğumu. Nebiye teyze "Gel, birlikte bakalım evladım," dedi.

Evime birlikte geldik, tek tek odalara baktık, hiçbir şey yok. Ben artık her sabah Ali işe gittikten sonra aynı durumu neredeyse şizofrenlik boyutunda yaşıyordum. Ürküyor, tedirgin oluyordum ancak buna rağmen "Neler olacak?" diye merak edip bekliyordum. Tam bir hafta sonra kuş aniden kafesinde belirdi. Canlı, gayet de sağlıklı bir halde bana bakıyordu. Üstelik kafes kilitliydi. Çıldıracaktım. O korkuyla yine gittim Nebiye teyzelere. Olayların başka bir boyutta olduğunu ve bunu ne anlama geldiğini biliyorsa bana anlatmasını rica ettim.

Hayatımızda ruh emici insanlar da var olacaktır ve bizler korunmadığımızda hayat enerjimizden yaşam kalitemize kadar düşürecek, bizi aşağı çekecek varlıklardır. Arzu'nun kaderinin akışına müdahale etmemem içindi birçoğu. Arzu aslında ruh emici bir ruhtu. Acıları onu derine çekmiş olsa da enerji vampiri ve enerji emici olarak farkında olmadan bana negatif yüklüyordu. Çocukluğumdan bu yana gelen rehberlerim, koruyucu meleklerim, Orblarım artık ziyaretlerini bir hayli kesmişlerdi. Ancak Arzu'nun enerjimi emmesine kayıtsız kalmadılar. Benim sevgili yüce rehberlerim ve yüce koruyucularım bu durumu fark etmem için önce görsel olarak mesaj vermeye başlayarak Fırfır'ı bir hafta kaybettiler, ardından horlama sesiyle de sesli mesaj ile iletişime geçip beni uyardılar. Ben fark edene kadar yaptılar bunu. Arzu'nun karmasına müdahale etmeme izin verilmemişti, bunu da anladım ve hemen Ali ile yeni ev arayışına geçtik. Burada bizim enerji alanımıza uygun insanlar yoktu ve bu bizim enerjisel alanımıza zarar veriyordu. Beylikdüzü'ne kadar uzaklaşmayı bile göze almıştım. Olabildiğince hızlı taşındık.

***

"Değişmek ve kendini yenilemek mi istiyorsun? Öyleyse bunu dışarıda arama! En büyülü ve en büyük sihir kendi içinde. Değişime içine bakarak daha hızlı erişebilirsin."

Funda

Yeni evimde artık kendimi kitaplara adamış, meleklerin işaretleri üzerine birçok araştırma içerisine girmiştim. İstediğim an, bilinçli olarak rehberlerimle bağlantıya geçmek için yollar arıyordum. Daha çok internet kaynaklarını ve araştırmalarını okuyordum. Bu arada sosyal paylaşım sitelerinde de daha fazla zaman geçirir olmuştum. Bunun nedeni biraz da taşınma sonrası geçirdiğim ufak bir sakatlık nedeniyle bir müddet yatağa bağlı yaşamak zorunda kalışımdı. Bir sosyal paylaşım sitesinde, sahip olduğumuz ortak arkadaşlar sayesinde, bir grup bayan arkadaşla daha tanışmış birbirimizi kendi özel ağımızın eklentisine dâhil etmiştik. Funda'yı da o grupta tanımıştım.

Sosyal paylaşım sitesindeki profilini ve resimlerini ilk gördüğüm gün tarzıyla, duruşuyla, asaletiyle ve muhteşem sıcaklığıyla beni kendi aurasının içine hemen almıştı Funda. Uzun ince, bir o kadar da güzel bir kadındı. Beyaz teni, kısa sarı saçları, ela çekik gözleri ve ince dudaklarıyla Avrupai bir havası vardı Funda'nın. Uzunca bir zamandan sonra sohbet camlarından yazışıp muhabbet eden iki iyi arkadaş olmuştuk. İnsan hiç görmeden kız kardeş olabilir miydi biriyle? Önceleri biri deseydi ki bana, "Hiç görüşmedik ama kız kardeş gibiyiz arkadaşımla," vereceğim cevap belliydi. "Hadi canım, daha neler!" derdim hiç düşünmeden. Funda'nın, hayatımın en önemli ve heyecanlı anlarında elimi tutup, "Yanındayım," diyen bir dost olacağını bilmiyordum o zamanlar. Funda Eskişehir'de yaşıyordu, ben ise İstanbul'da. Yüz yüze görüşmeyi düşünmemiştim zira bu düşük bir olasılıktı. Eskişehir'e gitmek için bir sebebim, bir bahanem ya da bir bağlantım yoktu. Funda açısından ise hiç düşünmemiştim olayı.

Telefonum çalıyordu, baktım ekranda Kaymak Fundam yazıyor. Funda'yı, *kaymağım* diye severdim. Oradan yapıştı bu lakap üzerine, kaymağım oldu kendisi. Büyük bir özlemle "Alo!" dedim. "Ben geldim," dedi, "İstanbul'dayım!"

İnanamadım tabi. "İstanbul'dayım. Adresi ver, sana sarılmaya geliyorum," dedi, ben ise hâlâ şaka yaptığını düşünüyordum. Ciddiye dahi almamama rağmen o anki şaşkınlıkla adresi verdim. Verdim vermesine de kendi evinin adresini yanlış verir mi insan? Vermişim işte. Farkında bile değildim. Zaten geleceğine de ihtimal vermiyor, şaka yaptığını sanıyorum ya... İkinci telefon geldiğinde anladım Funda'nın gerçekten İstanbul'da olduğunu, beni görmeye geldiğini ve tabii adresi de yanlış verdiğimi.

Biraz gecikmeli de olsa geldi Funda. Zil çaldığında heyecanla kapıya koşarken biliyordum ki kapının önündeki Kaymak Funda'mdı. Sımsıkı sarıldım. Öylesine sevgi doluydu, enerjisi öylesine ışık saçıyordu ki hayranlık duymamak, sevgisine sevgiyle karşılık vermemek neredeyse imkânsızdı.

Aşağı yukarı saat 20.00'den sabah 06.05'e kadar kim kimi sustursa konuşma sırası ona geçiyor, ardı ardına konuşuyor, anlatıyorduk. Meğer ne çok şey biriktirmişiz bir dost sıcaklığında sohbet etmek üzere içimizde.

Saat 03.00 sularında, Funda tüm sohbeti bölüp durduk yerde "Biliyor musun? Ben hep meleklerden yardım istiyorum ve gerçekten o an her işim hemen halloluyor," dedi. Şaşırmıştım! Çünkü bu konuyu onunla hiç paylaşmamıştım. Anlatmaya başladı ardından: "Bir gün çok zor durumdaydım, kızımdan haber alamıyordum, telefonu kapalıydı. Ne yaptıysam ona bir türlü ulaşamıyordum. Öyle bir panik ve korku içindeydim ki... Ne yapmam gerektiği konusunda tek bir fikrim yoktu. Aniden aklıma melekler geldi ve tüm gücümle dua etmeye, hiç değilse kızımın iyi olduğuna dair bir işaret talep etmeye başladım. Ardından üşüdüm. Üzerime bir şey almak için yatak odama gittim ve dolabımda hiç olmayacak yerde, kocaman beyaz bir tüy vardı. Üstelik giymek üzere olduğum o hırkanın sağ omzunda beni bekliyor, işaret veriyordu adeta," dedi. Funda "Sakinleşmiştim. İçimde tuhaf bir huzur oluşmuştu ve bir ses, *merak etme* diye fısıldıyordu sanki kulağıma," diye anlatmaya devam ederken pürdikkat dinliyordum onu. "Çok geçmeden kızım arayıp 'Anne merak etme yoldayım, trafiğe takıldım. Telefonum bozuldu, arada açılıyor, kapanıyor,' diye haber verdi bana," dedi. Cümlesini bitirdikten sonra kalkıp çantasını getirdi ve cüzdanını çıkarıp "Bak!" dedi elindeki kocaman beyaz bir tüyü göstererek.

O olaydan sonra hiç çıkarmamış cüzdanından tüyünü, daha da bereketlenmiş kazancı. Ben, o gece bir defa daha anladım, aynı enerji insanlarının mutlaka bir şekilde bağlantıya geçtiği gerçeğini. Funda hem işaret hem de iyi bir dost olarak rehber meleklerim tarafından verilmişti bana. O beyaz tüyü bulduğu günden sonra hep melekler üzerine kitaplar okumaya başlamış Funda. Her işinde meleklerinden talep etmeyi asla ihmal etmeyip hayatının bir parçası haline getirmiş. Ne tesadüf ki okuduğumuz kitaplar bile aynıydı.

Teşekkür ederim sevgili başmeleklerim, rehber meleklerim... Teşekkür ederim hayatımın en anlamlı yüreğiyle beni dostluğuna alan arkadaşım Funda. Daha nice mucizeler talep ediyorum sevgili meleklerimden. Saf sevgiyi ve aynı enerji içinde olduğum ne kadar yürek varsa etrafımda, bulmayı, buluşmayı talep ediyorum. Ve hep öyleydi...

***

"Belirtmeliyim ki hastalıklardan daha da hızlı birbirimize geçen şey enerjidir! Kiminle birlikteysen ona dönüşecektir enerjin. Sevgi ise sevgiye, hasta ise hastalığa, kıtlık bilincindeyse yokluğa, varlık bilincindeyse varlığa dönüşecektir senin de bilincin. Bunun için bilmeyerek dâhil olduğun her enerji alanını gün sonunda iptal etmelisin. Temizlenmenin en kısa yolu ise topraklanmaktır."

Dokunarak Geçen Bilgiler

Ayaz bir mart sabahıydı. Yataktan çıkmak gelmiyordu insanın içinden. Camdan dışarıya ilişti gözüm. Sanki bütün bulutlar yeryüzüne inmiş gibiydi ve göz gözü görmüyordu. Sisli bir İstanbul sabahına uyanmıştım o gün. Sabah kahvaltısı için eşimin iş yerine sürpriz yapmayı planlamıştım daha geceden, uykuya dalmadan hemen önce. İçimden öyle gelmişti.

Harekete geçip uyuşukluğumu attım üzerimden; kalkıp elimi yüzümü yıkadım, giyinip hazırlandım ve Ali'nin iş yerine doğru yola çıktım. Sis biraz dağılmıştı ama yine de görüş mesafesi elli metre kadardı. Bütün sis lambalarını yaktım. Birinci vitesle ikinci vites arası hareketimi sürdürüyor, acele etmeden yavaş yavaş ilerliyordum. Zaten evimize beş kilometre uzaklıktaydı iş yerimiz ve ulaşmıştım sonunda kazasız belasız. Ali beni görünce ağız dolusu sevinçli bir kahkaha attı. Sanki gurbetten gelen biriymişim de yıllar sonra aniden karşısına çıkmışım gibi sevindi. Ben çok uğramazdım iş yerine. Bunu bildiği içindi aslında bu şaşkınlığı. Ben de anlamamıştım aslında, gece böyle bir şeyi planlamış olmam benim için de sürprizdi biraz. İçimdeki ses yapmıştı bu planı ve yıllardır meleklerimi duymayı öğrendiğim için direnmeden o sese kulak vermiş ve eşimin iş yerine neden gelmem gerektiğini sorgulamadan akışa teslim olmuştum.

Ali ile yol üzerindeki bir fırından aldığım poğaçalarımızla kahvaltımızı yapmış, kahvelerimizi yudumluyorduk. Biraz sohbet, az kıkırdama derken Ali'nin oda kapısını tıklattı birisi. İçeriye esmer, 1.70 boylarında, siyah gözlü, kirli sakallı bir adam girdi. Ali, "Ooo, hoş geldin Mert Ağabey!" diyerek hemen ayağa kalkıp karşıladı adamı. "Rahatsız etmiyorum ya kardeşim..." dedi Mert Bey bana bakarak. "Olur mu hiç öyle şey? Gel buyur, seni karımla tanıştırayım," diyerek beni işaret etti Ali de. İşte ne olduysa ondan sonra oldu zaten. O selamlaşma anındaki tokalaşma ile adamın tüm hayatı, bütün sıkıntıları, bütün çıkmazları tıpkı bir film gibi bana aktarıldı! Diğer bir deyişle Mert Bey, duru görümün ve duru duyularımın ekranından bir film şeridi gibi akıp geçmişti. Ona dair ne kadar bilgi varsa her zerresine kadar biliyordum artık. Arada sohbetlerine dâhil oluyormuş gibi yaparak bir kenarda oturuyor ve Mert Bey'i inceliyordum. Sürekli gülüyor, şakalar yapıyordu ama içi tam tersine çok karanlıktı. O gülüşlerin, şen kahkahaların hepsi kendini kandırdığı koca bir yalandı. Öyleymiş gibi yapmayı seçmişti bence ve bunu farkında olmadan yapıyordu.

"Çok memnun oldum," diyerek tekrar Mert Bey'le tokalaşıp Ali'nin iş yerinden ayrıldım. Kuaföre geçip kendimi de biraz şımartmayı planlamıştım o gün için. Kuaförüm saçımla ilgilenirken aklım Mert Bey'de kalmıştı, onu düşünüyordum. Gördüklerim ve içindeki o karanlık köşe beni üzmüştü. Nasıl olacağını bilmiyordum ama belki Mert Bey için bir şey yapabilirdim.

Aynı günün akşamı Ali'ye "Mert Bey'in hayatı çok mu karışık?" diye sordum. "Bilmem. Severim ben, İyi adamdır Mert Ağabey," dedi, konu kapandı. Açıklayıcı bir cevap alamamıştım ancak daha fazlasını da sormamıştım. Gece yatağıma uzandım. Vakit biraz erken ama uykumuz geldi ve erkenden yatmaya karar vermiştik o gece fakat bende uyku gitti birdenbire. Duru duyuma gelen ses Mert Ağabey'in gizli bir iş toplantısı olacağını ve bunu iş ortağı olan babasının dahi bilmediğini söylüyordu. Biraz bekledim, ses yükseldi; altı ay gibi bir sürede bu işinin sonuçlanacağı, üstelik hayatının düşüş noktasını ve iflasının bu toplantıda verilecek kararın oluşturacağını söylüyorlardı. Bir sağa bir sola dönüp duruyordum ancak içimdeki ses susmuyordu ve uyuyamıyordum. Döndüm ve "Ali uyanık mısın?" diye sordum. Ali anında bana dönüp "Hayırdır!" dedi. Duyduklarımı anlattım ve ilk defa bir insana dokununca tüm hayatını gördüğümü fark ettik o gün!

İkimiz de doğrulup yastıklarımızı dikleştirdik, sırtımızı yaslayıp oturduk yatağımızda. Bir an düşündükten sonra saatine baktı Ali. "Daha erken. Arasam mı acaba?" diye sordu. "Arasana," dedim heyecanla. Telefonu aldı eline, bastı arama tuşuna. Kısa bir süre sonra telefonunu açan Mert Bey'e bir solukta anlattı Ali ona anlattıklarımı. Mert Bey konuşamıyordu. Karşıdan ses yok, şoke olmuştu o an. Hiç kimsenin bilmediği bu gizli toplantıyı benim bilmem onu hayretler içerisinde bırakmıştı. Ertesi gün görüşme talebinde bulundu ve Ali'nin iş yerinde görüşmek üzere sözleştik.

Duyduklarımı anlattıkça adam hayrete düşüyor ve bu durumun kendinden başkasının bilmemesinden dolayı bana inanması zor olmuyordu. Biz o günkü konuşmalar sonrası iki sıkı arkadaş olarak ayrıldık Ali'nin iş yerinden. Mert Bey, her konuda bana danışır olmuştu artık. Bir tek imza dahi atmıyordu benim fikrimi almadan. Ne görsem anında ben de Mert Ağabey'e söylüyor, rehberlik ediyordum. Mert Ağabey* büyük bir iş sahasına hizmet veren dünya çapında özel bir firmanın sahibiydi. Ürünleri neredeyse tüm ülkede satışa sunulurdu.

Rusya başta olmak üzere bu firmadan sağlıyordu ürününü ve iyi bir maddi güce sahipti Mert Ağabey. Artık kanka olmuştuk. Yediğimiz içtiğimiz ayrı değildi. Çok sevdiğim bir ağabey kazanmıştım. Karşılıklı paslaşıyorduk ve bu sayede daha kolay rehberlik ediyordum kendisine. Sonsuz bir güven bağı içerisindeydik. Aile içerisinde dahi tanınıyordum, o ailenin bir parçasıymışım gibi kabul görmüştüm.

Bir gece saat 11.00 sularında babasının aniden öleceğini gördüm fakat bunu nasıl söylerdim, nasıl dilim varırdı ki? Önce Ali ile konuştum. Gördüklerimi ve duyduklarımı tek tek anlattım kocama. O da "Nasıl söyleyeceğiz? Bu konu çok başka!" deyince ne yapacağımızı bilemez bir halde kalakaldık öylece. O gece ikimiz de uyuyamadık. Aradan birkaç gün geçtikten sonra Ali beni aradı işyerinden ve "Gel, öğlen yemeğine çıkaralım Mert Ağabey'i. Üstü kapalı bir şekilde durumu izah edelim," dedi. Bir solukta hazırlanıp iş yerine gittim. Öğlen yemeği için bulaşacağımız lokantaya oturup konuştuk aramızda Ali ile. Babasının öleceğini gördüğümü, gördüm dediğim rüya değil bilişimde bulmaktı, nasıl söyler, ona acı vereceğini çok iyi bildiğimiz bu haberi nasıl verirdik? Bu düşünceler içinde Mert Ağabey'i arayıp restoranda olduğumuzu ve onu beklediğimizi söyledik, ardından da telefonuna bulunduğumuz yerin konumunu gönderdik. Yarım saat içinde koştu geldi. Mert Ağabey de bize kıymet veriyor, o da bizi bizim onu sevdiğimiz gibi seviyordu.

---

* Kişisel bilgilerin gizliliğine olan etik inancımdan dolayı fazla ayrıntı vermek istemiyorum.

Bu durumda cıvıl cıvıl yanımıza gelen bu adama nasıl söylenirdi gördüklerim? Atasını, babasını, ölüm melekleriyle gördüğümü söylemek öylesine zordu ki... Kelimesizdim karşında. Ali, "Mert Ağabey..." diyerek başladı konuşmaya. Başladı başlamasına ama o da benden farklı bir durumda değildi. Ağzında biraz geveledikten sonra girdi konuya:

"Kevser'in söylemek isteyip de söyleyemediği bir konu var. O da nasıl söylenir, bilemiyoruz."

Ali'nin cümlesi bittiğinde Mert Ağabey'in gözleri üzerime çevrilmişti. Birdenbire onu saran huzursuz bir sabırsızlık içinde ağzımdan dökülecek cümleleri bekliyordu. Bana da aynı duygular hâkimdi ve konuşmak zorundaydım. Yüzüne pek bakmadan, gözlerimi gözlerinden kaçırarak "Mert Ağabey..." dedim. "Babanız Hulusi Bey'in bir genel sağlık taramasını yaptıralım mı?" Ardından da " Öyle... İçimden geldi bunu demek," diye ekledim.

Mert Ağabey'in, gölgelenen gözlerini benden çekip dışarıya çevirdi. Sessizdi, biz de sessizdik. Sonra gözlerini tekrar üzerimize çevirdi. Önce bana baktı, ardından Ali'ye dönüp "Neler oluyor? Bana dosdoğru söyleyin lütfen," dedi. Artık beni de Ali'yi de gayet iyi tanıyordu, bu yüzden farkındaydı cümlelerimizin altında büyük kelimeler olduğunun.

Ali gerçeği biraz yumuşatarak: "Hulusi Bey'i hasta görmüş Kevser," dedi. Ben de sakin bir ses tonu kullanarak "Ağabey, acaba kalp rahatsızlığı falan var mı ya da gizli şeker, tansiyon, kolesterol falan... Genel bir taramaya sokalım işte," diyerek tamamladım Ali'nin cümlesini. Tam olarak ne olacağını dillendiremiyor, gördüklerimi olduğu gibi söyleyemiyorduk. Bu konu Mert Ağabey'in de ruhunu daraltmış, hoşuna gitmemişti. Bir daha konuşmadık o günden sonra ve bu konuyu rafa aldık hepimiz.

Mert Ağabey, burada yapacağım rehberliği reddediyordu aslında. Verdiği tepki ile takındığı tutum konuyu kapatmak istediği içindi. Anlıyordum ve ısrarcı olamazdım. Çünkü pek sevmemişti Mert Ağabey söylediklerimi ve söyleyeceklerimden susarak, üzerini kapatarak kaçmayı tercih etmişti. Bizim gibi elçiler sadece sinyaller verir, kadere müdahale etmesi yasaktır. Bu yüzden ben görevimi yerine getirmiştim artık. Mert Ağabeyim'in seçimine saygı duyarak kenara çekilme zamanıydı.

Aradan üç ay kadar geçmiş ve biz yaz tatilinin gelişiyle birlikte benim doğum günüm için bir süreliğine İstanbul'dan uzaklaşmaya karar vermiş, Antalya'ya gitmiştik. Haziran'ın 18'iydi ve ben çok mutluydum. Bu doğum günümde de şükretmek için ne çok iyi ki dediklerim vardı. Harika bir tatil yapıyorduk ve her şeyden ilişiğimizi kesmiş, kendimizi günlük hayatın yoğunluklarından izole etmiş, kafamızı rahatlatıyor, ruhumuzu da vücudumuzu da dinlendiriyorduk. Ailece huzurun kokusunu koklayıp mutluluğu izliyorduk kendi kalplerimizin ekranından. Maalesef tatilin son günlerine yaklaşmıştık artık.

İşte tam o günlerde içimdeki o ses yükselmeye başlamıştı ve burnumda ölüm kokusu vardı. Susturamıyordum. Bastırılamayan o koku da devamlı burnumun tam ucundaydı. Son sabah, resepsiyonda çıkış işlemlerini bitirip saat 10.00 sularından otelimizden ayrıldık. Yaklaşık on saat süren bir yolculuktan sonra evimize gelmiştik. Yol yorgunu olduğumuzdan valizlerimizi dahi açmadan, duş alıp uyumak üzere yatağımıza atmıştık kendimizi.

Ertesi gün, Ali bizden önce uyanıp işe gitmişti. Ben de çocuklarla güzel bir kahvaltı yapmıştık, valizleri boşaltıyordum. İşlerimi bitirip akşam yemeği için mutfağa girdiğimde aşağı yukarı 16.00 sularıydı. Telefonum çaldı.

Salondan acı acı sesi gelen telefonumu açmak için koştum. " Alo!"

"Hulusi Bey, Kevser..." diyordu. "Hulusi Bey..." Ali'nin sesindeki o titreme, o hüzün, o tarifsizlikte kaybolmuş üzgün ses! "Sakin ol. Neler oluyor?" dedim.

"Beylik tabancasıyla kafasına sıkmış, ölmüş!"

Bu cümleyi duyduğumda hissettiklerimi nasıl anlatacağımı tam olarak bilemiyorum. Ne izahatı var, ne betimi... Bilip de bir şey yapamamak ve bu çaresizlikle olacakları beklemek! Nasıl tuhaftır, nasıl acıtır insanı... Ah bir anlatabilsem!

Bazen vazifelerimiz gereği susmamız gereklidir. Olacakları bilsek dahi, olayların akışına müdahale etmemiz yasaktır. Bizi susturur görevlerimiz gereği meleklerimiz. Bilip, görüp, sadece beklemek bazen gerçekten çok zor oluyor. O olaydan sonra artık sadece Mert Ağabey'in iflas edeceğini ve yakın zaman içerisinde bir yangınla birlikte bütün mal varlığını kaybedeceğini görmeye başlamıştım. Daha babasının acısını unutmamıştı ki bir sabah ezanı vakti fabrikasının yandığı haberi ile uyandık. Artık olaylar da hızlanmış, her şey ardı ardına bitmeyen acılar halinde gelmeye başlamıştı. O koskoca adam nasıl çökmüştü son iki yıl içinde! Trilyonluk fabrikası yanmış, tüm mal varlığı ile beraber teslim edilmek üzere hazırlanmış ürünler de yangında yok olmuştu. Gücüne ve parasına güvenen Mert Ağabey sigorta yaptırmayı ihmal ettiğinden yangından kaynaklanan zararını telafi edecek bir ödeme de söz konusu değildi. Her şeyi duman olmuş, gitmişti. Piyasaya olan borçlarını evlerini satarak toparlamaya çalışırken de bütün gayrimenkullerini yavaş yavaş kaybediyordu.

Durumu kötüydü. Ben artık sadece ruhsal sakinliğini ve dinginliğini koruyabilmesi için yardımcı olabiliyordum. Fakat Mert Ağabey bu büyük sınavını başarı ile veremiyordu, açıkça ortadaydı, anlıyordum. İlahi güç, bu acıları okumadığı ve mesajlarını görmediği için sürekli kendini tekrar ediyordu. Tekrar tekrar bir kader gibi karşısına çıkarıyor ve onu deniyordu. Mert Ağabey ise mesajı okumuyor, hayatında hiçbir değişiklik ya da bir uyanmışlık sergilemiyor, olaylar da giderek düğüme dönüşüyordu. Bu zaman içerisinde biz de aynı titreşimde değildik artık ve birbirimizin hologramından düşüyorduk. Hayatlarımızdan yavaş yavaş çekiliyorduk.

Benim görevlerim bitmiş, Mert Ağabey'in hologramından düşmüştüm. Artık bu yolculukta Mert Ağabey'in yolculuğuydu. Mert Ağabey, tekâmülünü kendi başına gerçekleştirmek zorundaydı ve sınavlarında ona kopya veremeyecektim...

Artık çok nadiren görüyorum Mert Ağabey'i. Ne o genç görünüşünden ne de dik duran iskelet yapısından eser var. Çok yıpranmış, hırpalanmış olduğu bir bakışta anlaşılıyor. "Mesajını okumayı bir an evvel başarsın. Tekâmül yolculuğunda görevlerine ulaşsın..." diye ettiğim dualarımdadır artık kendisi. Çok uzun zaman oldu Mert Ağabey'i görmeyeli... Hiç karşılaşmıyor, denkleşmiyoruz dahi. Birbirimizin hayatından tamamen çıktık. Görevler buraya kadardı ve bitti.

***

"Eğer siz yokluk bilinci ile varoluş serüveninizi sürdürürseniz kıtlığı, varlık bilincinde titreşirseniz de ihtişamlı bir zenginliği hayatınıza çekersiniz. Hayatınızda yaşadığınız durum her ne ise bunu var eden sizin bilincinizdir. Siz içten içe hangi enerji alanında titreşiyorsanız enerji katmanlarınız da o frekansın enerji alanına dâhil olur. Yaşadığınız kader değil, sizin bilincinizin çektiği titreşimdir. Titreşimleriniz sizin rezonans alanınızı belirlerken siz de bunun farkında olmadan hayatınızın ve kaderinizin parçası olarak kabule geçersiniz. Aslında kaderinizi titreşimlerinizle ve çektiklerinizle hayatınızda sizler var ediyorsunuz."

Melekler ve Rakamlar

Genellikle saate baktığımız zamanlarda eş rakamlar çıkar karşımıza ve bunlar da birer mesajdır. 19.19 gibi…

Ne yazık ki bu mesajları almayı henüz alışkanlık haline getirmeyi öğrenmedik ya da çok azımız bunun farkında ancak rakamların dilini biliyor. Bir yolculuk esnasında gözünüze ilişen bir plakada, belki bir duvar saatinde ya da o an televizyonda dönen bir reklamın sesinde, filmin sahne sayısında… Farkındalığınızı açık tuttuğunuz sürece, melekleriniz daima yanınızda ve sizinle… Hayatınızı daha da güzelleştirmeniz adına işaretler vermekteler. Düşünün, bir kedi, kulaklarını en ufak bir titreşimde nasıl da dikiveriyor! Çünkü doğayı ve etrafında olup bitenleri, en ufak sesi dinlemeye programlanmış duyuları. Bir kedi kadar hassas olup bu alışkanlıkları edinebilirsek eğer daima bize sunulan verilere de rahatlıkla ulaşabiliriz. Sayıların dili, günlük hayatımızda karşımıza en çok çıkan mesajdır ve bize ulaşma şekilleridir meleklerimizin. Sadece mesaja kulak verip yorumlamak kalıyor sizlere de. Üstelik bunu yapmak, öyle uzun ve meşakkatli değildir. Hayatımıza kolayca dâhil edeceğimiz bilgilerdir. Eğer bir sayı tekrar tekrar kendini gösteriyorsa, bilmelisiniz ki bu apaçık bir mesajdır meleklerinizden size.

1. Allah'ın sonsuz sevgisi seninle ve senin yanında! *Uzun zamandır sonucunu beklediğiniz işlerin hayrınıza şekilleneceği mesajını verir ve Yüce Yaradan'ın sonsuz sevgisi üzerinizde demektir.*

2. Zihnine dikkat et, kendini dinle, şu an her şey düşüncelerinde. *O an biraz kendinizi dinleyip bütün düşüncelerinizi olumlu, güzel yaptırımlar üzerine çevirin ve pozitif düşünün. Çünkü zihniniz hayatınızı şekillendiriyor ve bunu avantaja çevirin hemen.*

3. İnancınla yoluna devam et, Meleklerin şu an yanında. *Yarım kalmış bir işin olabilir ya da yapmakta zorlandığın bir iş. Belki de bir işaret bekliyorsundur. Meleklerin de işte bu mesajlarında açıkça senin yanında durup ellerini omzuna koyduklarını söylüyorlar. Meleklerin yanında, sakince ve tüm kalbinle olayları olumla.*

4. İnandığın büyük üstatların yanında olduğu anlamını taşır. *Mevlana, Meryem Ana, İsa gibi çok büyük üstatların yanınızda olup size yardım ettiği anlamını taşır 3 sayısı. Aydınlanmış büyük üstatların ışıkları yolunuzu aydınlatıyor, sizinle çalışıyor anlamına gelir.*

5. Meleklerine güven. İçin rahat olsun ve bütün işlerini güven duyarak onlara teslim et. *Meleklerin senin için bütün işlerini yoluna koyuyor demektir. Taleplerinizi duydukları, ilahi bir sevinç içerisinde işlerinizi yoluna koymaya uğraştıkları anlamına gelir.*

6. Devam et, doğru yoldasın! *Eğer bir plan içerisinde, bir program yapıyorsanız devam edin. Bunun doğru bir uygulama olduğu anlamına gelir. Gelişerek, büyüyerek,*

çoğalarak daha iyi olacak her şey, bizler yanındayız ve doğru seçimler yapıyorsun, anlamını taşır.

7. Yüce Yaradan'a dua et ve maddi manevi her şeyi akışa bırak. Bizler senin hayrına en iyisini yoluna çıkaracağız. *Pozitif düşün ve bize güven. Yüce Yaradan'a inancını, sevgini sıcacık yüreğinde hisset. İstediklerini dua ile duyur, bizler de şu an yerine getirmek için sevgiyle uğraşıyoruz, anlamını taşır.*

8. Bir mucize olacak. Bekle! İlahi bir sihirdir 7 sayısı. Ansızın etrafında mucizevî *olaylara şahitlik edip güzelliklere aralanacak kapıdır.*

9. Bereket ve zenginlik sana geliyor. *8 sayısı tarla gibidir, sonsuz bir berekettir. Neye ihtiyacın varsa neyin eksikse tüm bereketiyle sana geliyor, demektir. Sonsuz bereketi ve zenginliği barındırır.*

10. Hayatını neye adadınsa o amacın için çalış. Bu tohum çatlayıp açmak üzere! *Sonsuz ve saf bir sevgi ile etrafına bu sevgi ışığını yaymaya devam et. Belki sen, bir ışık işçisi olmak üzere görevlendirildin. Farkında ol. Saf ve koşulsuz sevgi ile amacın üzerine çalışıp gayene ulaşacaksın. Ruhun tekâmül yoluna girmiş anlamına gelir.*

***

“Kendinizi sürekli olarak hasta hissediyorsanız enerji bedeniniz negatiflere çok fazla maruz kalmış demektir. Ruh emicilerden hızla uzaklaşın ve acilen topraklanmayı ders edinin kendinize. Enerji katmanlarınızdan sızarak sizi hasta etmelerine izin vermeyin.”

Rezonans

Bu defa değinmek istediğim konu, meleklerimizin Hızır gibi gizli bir el olup tesadüfmüş gibi bizlerin hayatına dokunması... Ben, bu yazıları hazırken mutlaka rehber meleklerimle uyumlanıyor ve yardım talep ediyorum. Bu kez talep edip istediğim şey ise gerçek bir örnek daha vermek ve aktaracağım konuyu bulmaktı. Talebim çok çabuk karşılık bulmuştu ve artık tam olarak istediğim şey psişik* bir yetenekti.

Doğuştan psişik yetenekleri olan birini talep etmiştim. "Lütfen sevgili rehber meleklerim, karşıma epifiz** bezi de açık olan psişik bir kişiyi çıkarır mısınız?" diye talepte bulunup kenara çekilmiş, mesajları bekliyordum. Ben bir yandan bu kitaba ilişkin bölümleri yazıyor, diğer yandan da kişisel gelişim eğitimlerime devam ediyordum. Yeni bir eğitime daha kaydolmuştum ve hafta başında bu eğitimin birinci modülü başlıyordu.

Pazartesi yani eğitimin ilk günü, yan yana düştüğüm kurs arkadaşımın adı Yeşim'di. Beyaz soluk tenli, iri kemikli ama düzgün hatları olan hanım bir kızcağızdı. Sürekli gülümseyen biri olmasına karşın gözlerinde endişe vardı.

---

* Psişik ruhsal tüm duyuları aktif ve uyanık olana denir.

** Epifiz bezi halk arasında 3. göz anlamındadır ve kozmik antenimizdir.

Ruhu derindi, bunu daha yan yana düştüğümüzde yaydığı titreşimlerden almıştım. Ders aralarında ve molalarda küçük küçük sohbetler ederken evlerimizin de birbirine çok yakın olduğunu anlamıştık.

Ders bitiminde birlikte çıkmayı, onu evine bırakmayı teklif ettim. "Olur," dedi nazik ve nahif ses tonuyla. O günlük dersimiz sona ermişti. Çıktık ve beraberce otoparka doğru yürüdük. Arabaya yaklaşmıştık ki yüksek sesle "Lütfen Kevser, arabanın bu olduğunu söyleme!" dedi. Şaşırdım, anlam verememiştim bu sözlere. "Neden?" diye sordum. "Çünkü ben bu arabaların hastasıyım ve kaç zamandır binmeyi talep ediyordum," diye cevapladı beni, gülümsedim onun o haline.

Arabaya bindiğimizde "Biliyor musun Kevser, benim başıma hep bu tarz olaylar geliyor ve insanlar fazla dikkate aldığımı, tesadüfleri abarttığımı hatta bir nöroloji servisine gitmem gerektiğini söylüyorlar ama ben lanetli olduğumu düşünüyorum," dedi. Söyledikleri karşısında hem irkilmiş hem de üzülmüştüm. Ona anlatmalıydım lanetli olmadığını. O an anladım ki talep ettiğim o güzel ruh yanımdaydı. Ürkütmeden, yavaş yavaş yaşadığı durumun ne olduğunu anlatmalıydım, aksi halde o benim nörolojik vaka olduğumu düşünecekti.

Aklıma hep kaynak olarak kullandığım cep kitabım geldi, uzandım, torpido gözünden "Rezonans Kanunu" isimli Pierre Franckh'ın yazdığı kitabı alıp ona uzattım ve dedim ki: "Aradığın cevapların bazılarını ve bizim rastlaşma sebebimizi eğer okumak istersen bu kaynak sana özetleyecek." Heyecanla alıp sarıldı kitaba. Öylesine arayışta, öylesine anlaşılmaya susamıştı ki... "Sen benim karşıma nereden çıktın?" cümlesi döküldü ağzından sadece. Gülümsedik göz göze gelip.

Ertesi sabah, aynı salonda, dersin başları... Yeşim, bir türlü derse adapte olamıyor, sürekli konuşuyor ve ilk defa birisinin onu ve anlattıklarını hayalî bulmadığından bahsediyordu, mutluydu. "Rezonans titreşimi bizi yan yana getirdi," dedim. "Evet, öyleymiş," diyerek onayladı beni. "Aslında sen çağırdın beni, daha çok rehberlerinden talep ettin beni," dedim. Duraksadı, yutkundu, "İyi ki gelmişsin!" dedi. Ellerini tutup "İyi ki dediklerimdensin sen!" dedim, "Ben de seni çağırıyordum ve sen gelip beni buldun. Teşekkür ederim varlığına," dedim. Daha fazla konuşamadık.

Yeşim ile eğitimin iki hafta ara vermesiyle ayrıldık fakat asla iletişimimizi koparmadık. Ben öğreneceği her kaynağı onun maile atıyordum, o ise yaşadığı her ayrıntıyı ve ilginç durumu bıkmadan yazıyordu. Evren, ikimizin istediği üzere bize bizi vermişti. Meleklerimizin rehberliğinde birlikte yapıyorduk bu yolculuğu; o öğreniyor, bense yazacağım konuyu tasarlıyordum. Mail kutumun ışığı yandı ardı ardına, açtım. Gizli ellerin ona hep yardım ettiğini, bu durumun lanet değil, çok özel bir durum olduğunu anladığını yazan bir maildi bu yolladığı son maili. Mailinde bana anlattığı olay şuydu: Sabah uyanmış, sınav geç kalma kaygısıyla durakta beklerken hiçbir toplu aracın boş gelmemesi paniklemesine sebep olmuştu. Rehber meleklerinden yardım talep etmişti bunun üzerine. "Durakta bir an kafamı arkaya çevirdim, ortalık zaten bir hayli kalabalık, tıkış tıkış bir ortamda bir bayanla göz göze geldik," diye yazıyordu devamında. O yoğun bekleyişin içinde sadece Yeşim'e sormuş "Nereye gidiyorsun?" diye. Durumu anlatmış Yeşim. "Sınavım var, geç kalmamalıyım," demiş. Kadın "Bekle," demiş ve ayrılmış duraktan! Çok geçmeden kadın kocasıyla bir araba eşliğinde gelip, "Atla!" demiş arabaya, alıp sınav yerinin kapısına kadar bırakıp bol şans dilemiş. Yeşim mailinin sonunda şöyle diyor: "Bu o gizli eldi, sesimi duyuyormuş ve ben lanetli değilmişim!"

İçim öylesine huzur dolmuştu, ruhum onunla öylesine eşleşmişti ki bir kişinin daha rehberleriyle buluşup onların mesajlarını öğrenmiş olması beni derin bir huzura ve sevgiye salıvermişti. Her yanımı çiçekler sarmıştı yine, mis kokular duyuyordum.

Sevgili okuyucularım mesajları doğru okuyarak ve talep ederek hayatı kolaylaştırmak, sevgiyle kucaklamaktır esas olan. O gizli el hep orada. O eli siz de tutun. Müşkül durumlarınızda yardım talep edin ve sakince bekleyin. Oluşan sihir dolu büyülü mucizelere inanamayacak kadar şahane kapılardan geçeceksiniz.

***

Yeşim ile senkronize olduğumuz, sohbet ettiğimiz ve sohbetin en ilginç yanı olan bilgilerimizi değiş tokuş ettiğimiz bir geceydi. Ay tepemde, arkadaşımın farkındalık sevinci ise gönlüme güneş gibi dolmuşken sohbet ilerliyor, saatler 01.05'i gösteriyordu. Ardı ardına bir onun, bir benim mail kutumun ışığı yanıyor, aynı telaş ile gelen cevaplarımızı okuyor, anlattıklarımız üzerine karşılıklı yorumlar yapıyorduk.

"Biliyor musun Kevser?" dedi. "Bugün çok yakın bir arkadaşım kahvaltıya davet etti beni. Ben de illa 'El açması poğaça yaparsan gelirim,' diye nazlandım can dostuma." diyerek anlatmaya devam ediyordu. Arkadaşı "Yeşim, sen gel. Sözüm olsun, uygun bir zaman diliminde onu da yapacağım," demiş. Yeşim'in o kadar canı çekmiş ki "Sevgili meleklerim, lütfen arkadaşım poğaça yapsın," diye talepte bulunmuş.

Meleklerinden talep oluşturan ve kalben mesaj ileten öyle bir yürek ki bu! Daha kahvaltı masasına yeni kurulduklarında kapı çalmış, kahvaltıya gittiği arkadaşının babası bir günlüğüne memleketinden gelmiş, elinde ise el açması poğaçalar varmış! Ardından kutuma düşen mesajda "Biliyor musun? Bu işaretler hep benimleymiş ve ben hep en olumsuzları seçmeyi tercih etmişim," diye yazdı.

"Artık biliyorsun ve artık talepler oluşturmanın güzelliğini en üstlerde deneyimliyorsun, öyle değil mi?" diye yazdım. "Ne çok fırsatlar kaçırmışım ve şimdi anlıyorum anlamadığım birçok olayın akışını," diye yazarak cevapladı beni. Mesajları bu denli hızlı çözen, bir o kadar da hayatına dâhil edip senkronize olan çok ender kişilerimden birisiydi kendisi.

İkimizin meğer ne çok konuşacakları varmış, aynı şehrin aynı mahallesinde büyüyen iki minik kız çocuğu gibiydik. Cıvıl cıvıldık ve anlaşılırlığın o tarifsiz hazzını taşıyorduk ruhumuzda. Saat ilerliyordu, bir hayli geç olmuştu ve konumuz yine görünmez ellerdi. Ben naçizane bir endişemi bu sohbette belirttim Yeşim'e. "Lütfen her iyiliği mesaj olarak alma, herkes iyi niyetli olamayabilir," diye. İnsanlara, hele de yabancılara karşı daha temkinli olması adına endişemi dile getirdim. "Uyanık olmayı ihmal etme, her iyilik kılıfına bürünmüşe aldanma," dedim.

"Korkma, o gizli ellerin korumasıyla nelerden döndüm, bir bilsen Kevserciğim!" diye cevapladı beni. "Endişe etme, bu zamana kadar hiçbir art niyetlinin niyeti yerine gelmedi," diye de ekledi.

Öyle cümleler yazıyordu ki incinmişliğine kadar senkronize olup aynı acıyı kalbimde hissettim. Meğer hoyrat ellere ne çok denk gelmiş! Ne mutlu ki ne çok gizli el onu yakalayıp sırt vermiş! "Koruyucu rehberlerim hep yanımda, hep benimleymiş. Artık tüm şifreleri çözüyorum," dedi. "O görünmez eller benim rehberlerimmiş, çok mutluyum," yazıyordu.

Kısa bir suskunluktan sonra kutuma bir mesaj daha düştü. "Biliyor musun Kevser, bir vakitler ben çok âşık oldum. Hem hoyrat hem de acımasız bir adamdı! Seviyor, sanmıştım. En azından benim gibi o da bana aşk dolu gözler ile bakıyor, diye düşündüm hep. Bir gün en savunmasız halimde anladım ki benim onun ruhuna duyduğum aşkı, o benim bedenime duyuyormuş. Öyle bir noktada öylesine savunmasız bir haldeydim ki sanki tılsımlı bir şey oldu! Yanımdan kalkıp elini dahi sürmeden, sırtını dönüp gitti. Aslında o zamanlar düşünmüştüm beni gizli bir el mi koruyor acaba, diye ve sonra bu tılsımlı durumları kiminle konuşmaya çalışsam, kime anlatsam hep boş bakan gözlerle beni süzüp hiç çekinmeden bir rahatsızlığım olduğunu söylediler. Hasta olduğuma neredeyse ben bile inanmaya başlamıştım," diye devam ediyordu. Ardından Yeşim "Beden giyilmiş bir kıyafet, sonsuz olan benim!" diye haykıran bir cümle yazdı. Harika bir slogandı bu ve cümlenin içindeki barındırdığı anlamla mest olmuştum. Ben de ekledim ardından "Kim bilir, belki de bedenin ruhu değil de ruhumuzun bedeni var!" diye. Sonra Yeşim'i uyuması için zor da olsa ikna ettim. "Mutluyum, ilk defa benimle aynı şeyleri konuşabildiğim biri var," dedi giderken.

Ben de çocukken aynı Yeşim gibi anlaşılmadığım için onu çok iyi anlayabiliyordum. Benim şansım rehberim Hikmet Ağabeyim'di. Yeşim sevgi ve övgü dolu cümleleriyle beni de sonsuz mutluğun içine bırakarak uyumaya gitti. "Çok teşekkür ederim sevgili başmeleklerim… Çok teşekkür ederim sevgili rehberlerim… Daha nice farkındalık dolu yarınlar talebindeyim," diyerek ben de kapattım gözlerimi uyumak için.

***

Sabah uyandığımda mail kutumda enerjisi daha okumadan yansıyan bir mesaj vardı ve merhaba yazıyordu. Kocaman bir günaydının yanında samimi bir kalp gülücük iliştirmişti Yeşim. "Ne güzel bir sabah!" dedim. Teşekkür ederim gönlü güzel arkadaşım, merhaba yeni gün, merhaba aydınlığa uzanan sonsuz evren. Günaydın ruh yarım, sana da günaydın! Bir yürek daha, neşe ve umut içinde kalbi pırpır uyanıyor ya yeni güne! Küçük dokunuş olabilme umudum, kocaman dev bir ruhu uyandırdı ya! Teşekkür ederim, bana bu güzel ruha kanal olma fırsatı veren yüce Yaradan'a. Merhaba yeni umutlar, merhaba...

"Bir günaydın beni ancak bu denli neşelendirebilir, bu denli sevgiyle sarabilirdi. *Ruh yarım* diyeceğim sana arkadaşım artık," diye yeni bir mesaj attım Yeşim'e. Bana gelen cevap mesajı ise "Seni çok seviyorum!" yazan sade bir mesajdı, saf sevgiden ibaretti. Tam da istediğim gibi, kocaman cümleleri üç kelimelik kısa bir sevgi cümlesi ile nasıl da sade ve samimi bir şekilde ustaca bana geçirmişti. Sonra eklemiş alt mesaja "Seninle konuşmak, anlaşıldığımı bilmek, boğazıma takılan lokmayı çıkarmak kadar ferahlatıcı" diyordu.

Ben kendimi bildim bileli, alma verme yasasında, sevgi veren, iyilik besleyen olmayı seçtim. Katlanarak geri döndü. Evren sonsuz bir titreşimle yaydığımın daha fazlasını koydu önüme. Sizler de neyi daha çok talep ediyorsanız, lütfen olumsuz olan yanına değil, olumlu olan tarafına bakmaya çalışın. Almaktan çok veren olmayı felsefe edinin. İnanın bana, verdiğinizden daha fazlası bir şekilde size geri dönecektir. Verirken aslında en çok siz alıyorsunuz ve bir kez daha altını çizmek istiyorum:

Verdiğimiz zaman her şey bize katlanarak geri geliyor. Evrenin yasası ve vermenin güzelliği bir mucize oluversin ellerinizde!

***

"Yanı başınızda daima sevgiyle size rehberlik eden meleklerinizin var. Usulca seslenin, nazikçe rica edin, zor durumunuz her neyse yardım isteyin. Oluşacak mucizelere ve yaşanacak güzelliklere şahitlik ederken rehber meleklerinize minik bir teşekkür etmeyi de unutmayın."

"Odağın ve zikrin her ne ise enerjin onun üzerinde çalışmaya başlar. Eğer bu iyilik, güzellik, nezaket ise mutlulukla donanırsın. Kin, öfke, kıskançlık ise kederle mükâfatlandırılırsın. Kurduğun bu kalenin surlarının mimarı sensin. Düşüncen ve bakış açın kurduğun kalenin mimarisinden belli olur. Hiçbir zaman ruhuna örtü seremezsin."

Enerjisi Bakir Kalan Ev

Şu an oturduğum evi, daha internet emlak ilanlarında gördüğüm an benimseyip sevmiştim. Biliyordum, duyuyordum. Kulağımdaki o fısıltı hiç susmadan iki gün önce kaporasını verdiğim evden vazgeçmemi söylüyor, bunu almam için beni ikna etmeye çalışıyordu ve susturamıyordum onu. "En saf sevgiler, en temiz enerjiler orada," diyorlardı ve beni başka kapılar aralamak üzere çağırıyorlardı. Her zaman olduğu gibi sezgilerime güvenip "Hiç değilse bir gideyim. Yerinde bakarım, ne olacak sanki?" diyerek kendi kendimi ikna ederken buldum. Apaçıktı durum. Ben bu evi daha görmeden istiyordum, orası benim evimdi.

Telaşla emlak ofisini aradığımda duyduğum ilk cümle "Orası bugün satıldı, efendim," cümlesiydi. Evet, daire satılmıştı ancak ofistekiler ilandan düşmeyi unutmuşlardı. Sesimde oluşan hayal kırıklığı oraya kadar gitmiş olmalıydı zira hemen ardından "Arzu ederseniz birkaç boş dairemiz daha var. Hem manzaraya daha açık hem de havuz görüyor," dediler. Nasılsa aynı arazi üzerinde, aynı plan ile yapılmış yeni bir binaydı. İçimdeki ses gidip bakmamı söylüyordu.

O cephede olmasa da tam ters cephesindeki evi görür görmez büyülendim! "Her şerrin bir hayrı olur, o şerrin içindeki güzelliği bulmak önemli," derler ya... İşte bende o dedikleri yerdeydim. Ayaklarımı sıkıca olduğum yere kilitleyip "Alıyoruz," dedim. İnanmayacaksınız ama dokunduğum duvarlardan dahi kıvılcım çıkıyordu. Öylesine enerjiyle sarılmış ve aurası temiz bir yerdi ki kendimi dünyanın en şanslı insanı ilan ettim.

Taşınma o bir hafta içinde gerçekleşti. Kolilerimi daha önceden hazırlamış olmam taşınmamı hızlandırmıştı. Yeni bina olduğundan, binanın ancak dörtte biri doluydu. Tabii binanın bu kadar boş olmasının bir başka nedeninin de ev sonuçta İstanbul'da olmasına rağmen, ev sahiplerinin yazlık niyetiyle almasından kaynaklandığını biliyordum. Yerleşmek için yazın gelmesini bekliyorlardı ve taşınmadığımız günlerde binada ikamet eden çok az sayıda kişi vardı.

Henüz beş yaşında olan oğlum Onur'la hem biraz hava almak hem de ona etrafı tanımak düşüncesiyle site çevresinde minik bir gezinti yapmaya karar verip aşağıya inmiştik. Baharın kokusu çarpıcıydı. Etrafta yeni yeni yeşeren çimlerin kokusu diğer çiçeklerinkiyle birbirine karışmıştı. Papatyalar en sarı beyaz renkleriyle ışıldıyor, adeta şarkı söylüyorlardı. Biraz papatya topladık oğlumla ve onlardan minik bir demet yaptık. Eve dönmek üzereyken B Blok'tan Zehra Hanım'la göz göze geldik. Kocaman gülen gözleri, hareket dolu enerjisi ve mutfak camından kokusu yayılan çayın bergamot aromasıyla beni ele geçirmişti. "Bu nasıl sevgi abidesi bir insan!" dedim içimden ve nasıl bu kadar içten bakabiliyordu? O bakışlara denk gelen her insan, zaten ne denli candan olduğunu anlayabilirdi. Merhabalaşıp tanıştık. Mis gibi kokan yeni demlenmiş çaydan ikram etti hemen bize oracıkta. Havuza bakan mutfak camının altına sandalye yerleştirmiş bir de. Oraya buyur etti bizi, o içeriden ben dışarıdan başladık muhabbete.

Benim bu sitedeki ilk komşu tanışıklığım ve ilk komşu çayımdı. Zehra Hanımlar da yeni taşınmışlar. Dört ay kadar olmuş bu binaya yerleşeli. Kocasını kaybedeli altı yıl kadar olmuş, bekâr kızı ile birlikte yaşıyorlardı. Bir evli oğlu varmış Ankara'da yaşayan ve birlikte oturduğu dışında bir tane daha bekâr kızı varmış. O da yine Ankara'da yalnız yaşıyormuş. Ben sormadan kendisi anlatmıştı bunları. Ben de kendimden bahsettim ona.

Çay için teşekkür edip evime çıktığımda ne o gözlerinin yaydığı enerji ne de aurasında bulduğum muhteşem cevher aklımdan gidiyordu. İki göğsümün arasına resmen yapışmıştı Zehra Hanım'ın o şahane enerjisi. Günlerden bir gün, balkonda çay içmek üzere ben de onu davet ettim. "Manzaraya karşı hem çayımızı içer hem de sohbet ederiz," diye düşünmüştüm. Zehra Hanım'ı beklerken oğlumun çişi geldi. Ben de aceleyle, her an kapı çalacak telaşı içerisinde, tuvalet ihtiyacını gidermesine yardım etmiş, üzerini topluyordum. "Anne arkanda!" dedi. "Kim?" diye sordum. O ise "Ne kadar güzel bir kadın!" dedi. Evde ikimizden başka kimse yoktu!

O an aklıma geldi çocukların duru görüleri ve duyularının erişkin olana kadar daha açık olduğu. Çünkü ben de bu durumları yaşamış ve anlaşılmamıştım. Onu anlayan ve geçiştirmeyen bir tutum ile olayı kontrol altına aldım. Uzun süre takip ettim oğlumu ve anladım ki annesi gibi psişik bir çocuktu. Annesi ile aynı şeyleri yaşıyordu.

Yine günlerden bir gün Zehra Hanım'ı bize davet ettim. Sık sık görüşür olmuştuk. Neredeyse her beş çayımızı bizim balkonda içiyorduk. Oturup hiç bıkmadan saatlerce sohbet ediyor, harika zaman geçiriyorduk. Birbirimizi görmeden duramıyor, hiç değilse telefonlaşıyor, gün içinde en az üç defa birbirimizi arıyorduk. Yine balkonda içtiğimiz o günkü beş çayında sohbetimizin en koyu yerindeydik. O gün demiştim ki Zehra Hanım'a "Zehrüş'üm, sen benim eksik yanımmışsın. Ne kadar şanslıyım, sen gelip beni tamamladın." Bu sözlerimle beraber bir anne sevgisiyle nasıl da sarılmıştı bana, asla unutmadım.

Zehrin fazla sıcağa dayanamaz, boncuk boncuk ter döker, bu yüzden de etrafında samimi oldukları hariç, kimse yokken ensesinde minik bir havlu ile gezerdi. Ayağa her kalktığında elini yüzünü yıkayarak kendini ferahlatırdı. Serin haziran akşamları bile ona yazın temmuzu gibi gelirdi. Yine bir beş çayında bir aradaydık, elini yüzünü yıkamak üzere banyoya gitti. Geldiğinde yüzünde sakin, huzurlu, bir o kadarda tuhaf bir ifade vardı. "Ne oldu?" diye sordum. Sustu, sustu, ellerini dizinin üzerinde hızlıca ovuşturdu bir ileri bir geri. "Banyoda çok güzel bir kadın gördüm," dedi sonunda, ardından yine sustu. Oğlumun gördüğü yerin birebir aynı açısını anlattı. Sonra rehberlerimin olduğunu, oğlumun da aynı yerde tıpkı onun gördüğü gibi çok güzel bir kadın gördüğünü ve bunların melek enerjisi olduğunu anlattım. İlk defa biri, tuhaf şeyler anlatan birisi olduğumu düşünmeden beni dinlemişti. Artık birçok durumda, tabii ki duru görüm açıldığında, Zehra Hanım'a rahatlıkla rehberlik edebiliyordum. Sonrasında yeni evimde Orblar* (ile yeniden buluştum.

Uzun zaman olmuştu Orblarımı görmeyeli. Her geçen yıl gerçeğe uyanışım daha da arttığı ve enerjilerden oluşan varlıklarla daha rahat uyumlandığım bir gerçekti ancak Zehra Hanım'ın duru duyularının çoğunun aktif oluşu, bu süreci daha da hızlandırıyordu. Çünkü biz aynı rezonans titreşiminde bulunan iki enerjiydik.

Hayatıma dokunan sihirli ellerden ve en "Anne" olan-

* Melek enerjisi olan şifacı minik ışık huzmeleri

larından biriydi o. Saf sevgisiyle bana benzeyen birine denk düşmenin rahatlığı ve mutluluğuydu bu üzerimdeki. Çok teşekkür ederim rehber meleklerime, yolumuzu kesiştirip, seni bana denkleştirdiği için. Çok teşekkür ederim Zehra annem bana anne olduğun için.

Evet, ben hem nur enerjilerden oluşan melekleri hem de Zehra Hanım gibi bir meleği birçok kez gördüm! Lütfen sevgili okuyucularım, etrafınıza iyi bakın. Yaratılışımızın görüsüne uygun sıfatlara bürünüp yanımıza kadar gelen nice ışık işçileri ile dolu.

***

"Çocuklar, bu evrene gelmiş en kusursuz şifa dağıtıcılardır. Koşulsuz ve hesapsız sevip şifalandırırlar dokundukları her canı. O nadide, o saf ve o sonsuz ışığa sarılın. Göreceksiniz ki şifa kendiliğinden ruhunuza sevgiyle akacaktır."

"Bir kişiyi tanımak istiyorsan enerjinin uyumunu önemse, dikkatinde tut çünkü enerji bedenleri asla yalan söylemez. Enerjinin uyumlu olmadığı kişilerden acilen uzaklaş."

Evimdeki Enerjiye Yeni Bir Şahit Var

Bir farkındalık atölyesinin bahçesinde, "Bahara Merhaba!" kokteylinde tanıştığım müthiş bir ışık, harika bir enerjiydi kendisi. Saçları papatyadan daha sarı, gözleri okyanusun en derinindeki yosun yeşili, teni süt kadar beyazdı. Sesinde tatlı bir seda vardı. Zarifçe elini uzatıp "Merhaba, ben Tuğba," dedi. Ellerimizin tanışıklığımızı pekiştirmek adına tokalaştığı o anda ben, onun bir ışık işçisi olduğunu anlamıştım zira dokunur dokunmaz tüm bilgileri bana aktarılmıştı.

Bunu ilk defa Mert Ağabey'de, daha sonrasında başka kişilerde defalarca yaşamıştım. Dolayısıyla bu aktarımın içeriğinin ne olduğunu gayet iyi biliyordum. Tuğba bütün enerjisini bana geçirmişti biz selamlaşırken. Işık işçileri birbirinin aurasını tanır ve hissedebilir. Tam bu noktada, ışık işçisinin ne olduğu sorusu gelebilir aklınıza. Onları kısaca şöyle tarif edebilirim: Işık işçileri, duyuları aktif kişilerdir ve boyutlar arası bilgileri iyiliğe hizmet etmek için kullanmak üzere görevlendirilmişlerdir. Demek istediğim özel bir amaç ve hizmet için seçilmiş kişilerdir. Tuğba da onlardan biriydi.

Biz, birbirimizin arkadaşlığını çok sevmiştik. O gün bahara *merhaba* derken birbirimize de *merhaba* demiş, iki iyi arkadaş olarak ayrılmıştık oradan. Telefonlarımız, adreslerimiz alınmıştı. İkimiz de bu arkadaşlığı ilerletmek, kalbi duygularla pekiştirmek istiyorduk. Nitekim de o günden sonra arkadaşlığımız daha da ilerlemiş, farklı şehirlerde yaşamamıza rağmen telefonla iletişim kurmuş, arkadaşlığımızı mesafelere kurban etmemiştik. Hem Tuğba'nın hem de benim enerjimiz müthiş uyum içindeydi. Zaman içerisinde iki iyi dost olduk.

Tuğba Ankara'da yaşadığı için, İstanbul'a geldiği zamanlarda buluşuyor, keyifli zaman geçiriyorduk. Birçok zaman da bende kalması için davet ediyordum ve böylece birlikte daha fazla paylaşımımız oluyordu. Kozmik enerjiler üzerine harika bir bilgi birikimi vardı Tuğba'nın. Bıcır bıcır sohbetine ise ayrıca hayrandım. Konuşurken onu izlemek, yaydığı ışığında parıldamak harikaydı ve inanılmaz bir sinerji yaratıyordu. Bazı hafta sonlarını İstanbul'a gelerek değerlendiriyor ve zamanı kalırsa bana da mutlaka uğruyordu. Tam bir eğitim delisiydi Tuğba. Tek günlük bile olsa üşenmiyor, kişisel gelişimi için Ankaralardan kalkıp ta buralara geliyor, faydalı bulduğu her eğitime dâhil oluyordu. Öğrendiği her yeni bilgiyi büyük bir heyecan içerisinde benimle paylaşıyordu. Gönlü zengin, ruhu pak bir arkadaşımdır kendisi. Zaman içerisinde birlikte dâhil olduğumuz bazı eğitimler de olmaya başlamıştı. Keyifli nice güzellikler dolu paylaşımlarımın olduğu Tuğba artık bana tam bir kız kardeş yakınlığında ve sıcaklığındaydı.

Ortak aldığımız bir eğitimde tanıştığımız arkadaşımızın doğum günü partisi için yine İstanbul'a gelmişti. Tüm günü birlikte geçirdik. Kuaföre gittik, alışverişimizi birlikte yaptık. Hediyelerimizi de aldıktan sonra aceleyle akşamki doğum günü için hazırlanmak üzere evde odalara dağıldık. Banyo aynasının spotlarını sevdiği için "Ben burada yapacağım makyajımı," diyerek kapıyı kapattı. Bir saat sonrasında hepimiz hazırdık, Tuğba hariç! "Ne zaman bitiyor?" diye seslendik.

Çıktı dışarı, büyülü bir masaldan fırlamış bir prenses kadar güzel olmuştu. Yüzünde masum ve bir o kadar da sakin gülümsemeyle bize bakıyor. O gülümseme ne artıyor ne azalıyor, sanki oluştuğu anda dondurulmuş gibi öylece duruyordu. Bir sıra dışılık olduğunu fark edip "Her şey yolunda mı?" diye sordum. Beni kenara çekti kulağıma eğildi ve "Banyoda dehşet güzellikte bir enerji var," dedi. Gülümsedim "Evet!" diyerek. Bu durum beni çok heyecanlandırmıştı. Devamında "Tam olarak nerede?" diye sordum. Oğlumun ve Zehra Hanım'ın tarif ettiği yeri anlattı o da. Etrafına enerji yaydığını, hiç korkmadığını ve oradan çıkmak istemediğini söylüyordu. Yüksek bir enerjinin devamlı olarak yanında olduğunu ve bu duygunun harika olduğunu da ekledi cümlelerine. O yosun yeşili gözlerinin içinde çiçekler açmış, sakince gülümsüyordu. Bense Tuğba'nın bu ruh halini izlemekten müthiş keyif alıyordum. Çok mutluydum. Kocaman açtım kollarımı "Biliyordum senin de duru görülerinin aktif olduğunu," dedim. Sımsıkı sarıldık.

Bir kez daha kendimi tekrar etmiş, kendim gibi birine denk gelmiştim. Her insan yaydığı enerjiler dâhilinde insan çeker etrafına ve dünyasına. Şehirlerin, mesafelerin önemi yoktur. Her titreşim benzeriyle bir şekilde rastlaşıyor. Bir defa daha sonsuz bir minnetle sevgili rehber meleklerime sevgi dolu teşekkürlerimi gönderdim ve aynı enerjinin insanlarını tekrar talep ettim. Daha nice aynı dili konuşup, aynı enerjiler ile çevrili insanlar, yepyeni güzel yürekler tanımayı talep ediyorum. Çok teşekkür ederim sevgili Başmelek Mikail, çok teşekkür ederim sevgili rehber meleklerim.

***

"İçinizde uyuyan sihir dolu güçlere, yine içinizde uyuttuğunuz çocuğu uyandırarak ulaşabilirsiniz!"

Ölüm Meleğinin İşaretleri

Biraz tuhaf uyandım o kasım sabahı! Kendimi hasta gibi hissediyordum. Üzerimde kocaman beton parçaları vardı sanki. Uykum yoktu lakin yatağıma yapışmıştım ve kalkmak istememe rağmen doğrulamıyordum. Anlamsızca tavanı seyrettim yarım saat kadar. Açılamıyordum ve bana ne olduğunu da bilmiyordum. Bir duş alsam belki üzerimdeki bu uyuşukluk giderdi. Biraz zor olsa da sonunda oldukça ılık hatta neredeyse soğuk denebilecek suyun altına kendimi atmış, duşa adeta sürünerek gitmiştim. İçimde tarifsiz derinlikte bir boşluk vardı. Sebepsizce mutsuzdum. Duş az da olsa ağırlığımı almıştı. Bedenimizi su ile buluşturmak bir nevi topraklanmak olduğundan üzerimde biriken negatif yük de yavaş yavaş gitmişti. Ben kasım ayını, kayıp ayı olarak öğrendim hep. En başta Büyük Önderimiz Atatürk'ü kaybettiğimiz soğuk ve ayaz 10 Kasımları hep hüzünlü geçiririm. Tarihte şöyle mini bir tur atarsak en büyük felaketlerin, en büyük kayıpların bu ayın içerisinde olduğunu görebiliriz. Babamı da 10 Kasım'da kaybetmiştim ve üzerinden geçen on yıldan sonra annem de bir 17 Kasım günü veda etmişti dünyaya. Bir türlü yatağımdan kalkamadığım bu kasım sabahında da içimde anlamlandıramadığım bir duygu vardı. Ne tadım ne tuzum vardı. Daha önce anlattıklarımdan hatırlarsınız

Zehra Hanım'ı. Beni kahvaltıya davet etmişti o sabah için. Farkındaydı tuhaf oluşumun Beni gerçekten tanıyor, duyuyor, sanki konuşmadan anlattıklarımı biliyordu. Çok tuhaftım gerçekten ve bunu saklayamıyordum.

Ben, ben değildim. Kontrol edemiyordum ruhumu. İçimden sürekli yükselen bir ses vardı. Hiç susmayan o fısıltıdan ürpermeye de başlamıştım. Bu ses beynimin içinde olduğundan kendimden kaçma şansım da yoktu. Duyduklarım ve rehberlerimin verdiği mesajlardan bu defa ürperiyordum. Ne yapacağımı bilemediğim bir ruh haliydi bu yaşadığım ve psişik olmama rağmen böyle bir mesaj ile ilk karşılaşmamdı. Acemi, korkak, ürkek, dokunsalar ağlayacak durumdaydım. Neden ağladığımı da kimseler anlamayacaktı.

Zehra Hanım'ın dünyalar iyisi ve dünyalar güzeli, benimle akran bir kızı vardı. Serap'tı adı ve adı gibi bir seraptı. Ahu gözleri, muntazam hatları, uzun kirpikleri ve güleç bir çene kıvrımı vardı. Kömür karasıydı gözleri. Onun için *dünyaya gönderilmiş bir peri* desem yeriydi. Kahvaltı esnasında kâh yanımızda duruyor kâh salona gidip işleriyle ilgileniyor, maillerini yolluyordu. Yanımıza geldiğinde masaya oturmadan, ayakta birkaç lokma atıveriyordu ağzına da. En sonunda işlerini bitirdikten sonra yanımıza geldi ve "Hadi sahile!" dedi. O çakmak çakmak bakışlar karşısında onu kırmak ne mümkün! O an "Fizan'a gidiyoruz," dese reddedemezdiniz. Sahile inme fikri bana da bir hayli keyifli gelmişti. Hele ki benim gibi yosun kokusuyla denize âşık biri için hayır denemeyecek bir teklifti bu.

Evime uğrayıp üzerimi değişmek için bizim bloğa geçtim. Serap ile birlikte yaptığımız bir alışverişte aynı tayt ve bluzu almıştık; o an elime onlar denk geldi, onları giydim. Zaten o gün kendimi çok gri hissediyordum ve renkler de o günkü ruh halimi tam olarak yansıtıyordu. Evet, o anki ruhuma en uygun kıyafetleri seçmiştim tesadüfen. Hem rahat hem de griydi kıyafetlerim.

Kapılarını çaldım "Hazırım," dedim. Zehra Hanım da zaten enerji dolu, atik bir kadın olduğundan çoktan hazırlanmıştı. "Serap!" diye seslendim odasına doğru, ayakkabılarımı çıkarmamış kapıdan içeriye sarkıyordum. Antrede Serap bana doğru gelirken gördük birbirimizi. İki kadın pişti olunca nasıl tepki verirse öyle bir çığlıkla ikimiz de ters istikamete doğru koştuk. Aynı şeyleri giydiğimize inanamıyorduk. O gün bizi güldüren tek şey, kıyafet sorunumuz olmuştu. En azından o gün bir gülme nedenim olan sana teşekkür ederim. Buradaki mesaj rehber meleklerimizin önceden bizi bugün için hazırladığıydı. Teşekkür ederim Başmelek Mikail, teşekkür ederim rehber meleklerim, teşekkür ederim Başmelek Azrail.

Ne mesajlar ne de işaretler bitiyordu. Sahilde daha arabadan aşağıya attığım ilk adımımda gördüğüm, yerde yatan ölü kumru, bugün gibi aklımda: İlk görsel işaret! Sonrasında belli aralıklarla yukarıdan aşağıya süzülen üç gri tüy. Duru duyum zaten içsel olarak beni hazırlıyordu uyandığım andan itibaren, içimde susmadan konuşuyordu. Sonra o iki göğsümün arasında sıkışan nefesim. Daha bir dolu mesaj...

İkindi aralığı olmuştu. Hava da ayazdı artık. "Eve dönelim yoksa hasta olacağız," dedi Zehrüş. Eve girdiğimde annemi aramak istedim. Annem doğduğum şehir Kahramanmaraş'ta yaşıyordu. Uzun uzun çaldı telefon, bakmadı. Tekrar aradım, cevap alamadım. İçimdeki ses büyüdü, büyüdü, büyüdü. Oturdum salona, gözlerimi kapattım. Astral seyahat ile anlık gittim yanına farkında olmadan. Yaptım ama bu defa bu seyahati bilinç dışı yapmıştım. Tedirgin ve mutsuzdum. Daha doğrusu ne hissedeceğimi bilmiyordum, lügatimde cümlem yok bu hissi anlatıp betimlemeye.

Gördüklerimi beynim kabul etmiyordu, duru görüm tamamen açıktı ve ben hâlâ masum bir çocuktum ve gördüklerim, bu çocuk için çok ağırdı. Bu olamazdı, olmamalıydı! O çocuk bir saat sonra büyüyecek, artık koca kadın olacaktı. Bilgisayarımı açtım. Kafamı dağıtmaya çalışıp oyalanacak bir şeyler bulmalıydım. Sosyal medyada gezinmeye başladım ve Kahramanmaraş'ta yaşayan Süreyya ablamın en büyük kızı Nimet'in çevrimiçi olduğunu gördüm. "Merhaba!" dedim. Hemen ardından cevap geldi: "Teyzem benden duyma ama anneannem biraz hasta." Bu da aldığım son işaretim ve sesli mesajımdı.

Panikle annemin cep telefonunu aramaya başladım. Sonunda yengem açtı telefonu. Bana "Şu an konuşamayacak, biraz yorgun. Eve gidiyoruz. Doktora gelmiştik, muayene olduk. Biraz dinlensin, ben arayacağım seni," dedi, telefonu kapattı. Aramasını beklemem gerekiyor ama ben ne eve sığıyorum ne de içime, kendime dar geliyordum. Zehra Hanım'ı çağırdım, "Çay içelim, bize gelin," dedim. Çay bahanesiyle yalnız kalmamak ve bildiklerimden, iç sesimden kaçmaktı amacım. Serap ile Zehra Hanım geldi, mutfakta oturuyoruz ve daha bir bardak çay ikram etmiştim ki... Annem öldü! Görüntü gözümün önüne gelip gelip gitti. Saat aşağı yukarı 19.30 sularıydı. Kalkıp tırnak törpüsünü aldım, nedensizce tırnaklarımı törpülemeye başladım. Zehra Hanım yüzüme baktı "İyi misin?" dedi. Ben ise yüzümü Serap'a döndüm ve şöyle dedim; "Annem ölse ne yaparım?" Gözlerini kocaman açarak sustu. Sustuk...

Telefonum çaldı o an. Baktım ekrana, yengem arıyor. "Evet," dedim, derin bir de oh çektim, annem dinlenince arayacaklardı. Yanıldığımı düşünmüş, "Annem iyi," diye geçirmiştim aklımdan. Açtım telefonu. "Bulduğun ilk uçaklagel!" diyordu! Annem kalp kriz geçirmiş, öyle söylüyordu. Annem ölmüştü ve ben bunu biliyordum! Sadece bildiğimi bilmek istemiyor, bunu kabul edemiyordum.

Uçak bileti yoktu! Bu nasıl bir çaresizlikti? Kendi aracımızla yola çıkma kararı aldık. Zaten başka seçeneğimiz de yoktu. Bekleyecek sabrımız zaten hiç yoktu. Bir gece öncesi de Zehra Hanımlar ile sabahlamış, birlikte hoş bir gece geçirmiştik ve neredeyse üç saatlik uyku ile ayaktaydık. Ben ne arabaya ne içime ne de ruhuma sığıyordum ve her alan dar geldiğinden nefes alamıyor, boğulduğumu hissediyordum. Aracı benim kullanmamın aklımı ve hüznümü meşgul edeceğini düşündüğümden direksiyona, Ali'yi ikna etmek zor olsa da ben geçtim. İstanbul, Kahramanmaraş arası bize eşlik eden o sinek gerçekten tuhaftı. Camları defalarca açtığım halde inatla çıkmıyor, bize eşlik ediyordu. Üstelik bu tuhafıma gitmeye başlamıştı. İçeriye dolan rüzgârın basıncıyla savrulması gereken sineğin içeride kalıyor olması çok ilginçti. Garip şekilde vızıldıyordu ve susmuyordu. Sürekli sağımıza solumuza konarak resmen dikkatimi uyanık tutan bir yardımcı pilot oluvermişti. Meleklerime seslenmek geldi aklıma, seslendim. Bize eşlik edenin annemin bizi korumak üzere yolladığı koruyucu melekleri olduğunu öğrendim. Tek gayesi yardımcı olup beni uyanık tutmaktan başka amacı olmayan bu masum sinek sustuğunda bu defa da ben arıyordum onu gözlerimle. Sabaha karşı neredeyse Maraş sınırlarına ulaşmıştık. Saat 11.00'e geliyordu sanırım. Büyüdüğüm evin sokağına geldiğimde kocaman bir taziye çadırının kurulmuş olduğunu gördüm ve gerisini çok eskiden izlenmiş bir filmin sahneleri gibi kesik kesik hatırlayabiliyorum.

Kendimi odaları tek tek açıp "Anne, ben geldim. Evde misin?" derken bulduğumda evde olan tüm insanların acıyan gözlerle bana baktıklarını anımsıyorum. Annemin öldüğünü zor olsa da artık kabul etmeliydi bilincim. Yere yığılıp dakikalarca o kapı eşiğinde ağladım, ağladım, ağladım. Ertesi gün hastaneden almaya gitmeli miydim? Cenaze yıkamasına girmeli miydim? Bunlar tartışılıyordu ablamla eşim arasında. Beni kenara çekti o gün Süreyya ablam "Eğer metanetli olabilirsen girmeni öneririm ablan olarak. Çünkü sonsuza kadar uğurlayacağız, artık göremeyeceğiz. Eve getirdiklerinde de o kadar net göremezsin. Sadece elini öptürürler, bir defa da yüzünü görürsün." O an karar verdim. "Evet," dedim. "Gireceğim. Söz, metanetimi koruyacağım."

Böyle bir şeyde ilk defa bulunacaktım. Hayatımda ilk defa cansız bir beden yıkayıp kefenlenmesinde yardımcı olacaktım. Üstelik bu ilk deneyimim de annemin bedeniyle olacaktı! Hayat gerçekten o an bana inanılmaz derecede tuhaf ve karışık gelmişti. Annemi yıkayacakları odaya aldılar bizi. Üç ablam, yengem ve ben vardık. Hocaya eşlik etmek üzere hazırdık. Annemi yıkayacağımız odaya girince tuhaf oldum, minik bir şok yaşadım! O odaya gasil odası deniyordu. Cenaze yıkanan oda anlamındaymış. Onu da öğrendim. Etrafında ızgarası olan soğuk mermer bir taş…

Annemi yatırıp yıkayacağımız taşın çevresinde dolaşıyor, her açıdan bakıp ortamı inceliyordum. Çok soğuk bir havası vardı. Etrafa göz gezdirdim, sadece bir sünger, bir de sıvı sabun mevcuttu. Hoca gelince gelecekti lif, sabun ve şampuan, diye düşündüm.

Hocadan önce annemi verdiler içeriye. Hiç bozulmamış yüzüne bakıp o an tarifsiz duygular içerinde biraz kaldık. Bu duyguyu betimlemek çok zor hatta öyle zor ki o yetiye sahip olmadığımı düşünmeme neden oluyor.

Hoca gelip sarılı olduğu çarşafı kesmeye başladı. Annem bembeyaz petek gibi durduğundan sanki ölmemiş gibi geldi bana. Evet, annem uyuyordu ve uyuyan bir prenses gibi de masumdu. Yıkama aşamasına geçildiğinde, sırtımı dayayıp destek aldığım duvardan yavaşça ayrılıp anneme yaklaştım. Hocanın suyun sıcaklığını ayarlamadan anneme tutuşuna çok öfkelendim, daha su ısınmamıştı ki! Hoca sakince karşıladı bu tutumumu "Artık hissetmez. Bunu düşünme, dua et ve vedalaş vaktin varken," dedi. Eline sanki az sonra bulaşık yıkayacak gibi süngeri aldı, üzerine de sıvı sabun sıkınca tutamadım kendimi. Buna da itiraz ettiğimde ve ardından ikna etmek için söylediklerine aldırmadan daha fazla tepki verdiğimde odadan çıkarılmamı istedi. Mecburen kabul etmek zorunda kaldım o özensiz prosedürleri. Annemi yıkadık, basit bir süngere sıvı sabun dökerek oldu bu işlem! Kefenini hocanın talimatları ve yönlendirmesiyle de el birliğiyle biçtik. Bir şişe gül suyunu çiçek sular gibi annemin üzerine boca etti hoca kadın. Sonra süsledi biraz ve aynı bir gelin gibi oldu annem. Ben ise saçını ıslak bırakmalarından dolayı hâlâ rahatsızdım, içime sinmiyordu. Üşürdü annem, hava çok soğuktu.

Yıkarken sağ omzunda gördüğüm kırmızı bir gülü andıran lekeyi soruyordum yanımdakilere ama ne ablam ne yengem ne de hoca görmüştü onu. Tek ben olamazdım omzundaki o lekeyi gören! "Ne olmuş annemin omzuna?" diye birkaç defa sorduğum halde kimse cevap vermedi. Zaten hiçbiri de onu görmemiş. Ağlamaktan takatsiz kalmıştım. Artık dışarı alıyorlardı annemi. Tabutun içine koyup cenazeyi son yolculuğuna hazırlıyorlardı itina içerisinde. Ali içeri girdi. Annemin cansız bedeninin tabutun içine konmasına yardım ediyor, bir yandan da bana bakıp sakin olmamı söylüyordu. Tabutu cenaze aracına yükleyip bizim mahalleye doğru yola çıktık hastaneden.

Eve geldiğimizde büyük bir kalabalık vardı. Çoğu yollarda bekliyordu cenaze aracını. Annem on sene önce babamın ölümünün yedinci gününe denk getirmişti kendi ölümünü. Bugün babamın ölüm yıl dönümünün onuncu senesiydi. O öğlen namazına yetişmişti annemin cenazesi de. Artık annem sonsuz ve nurdan bir varlık olmuştu. Asıl evi olan evrenin sonsuz kaynağına gitmişti. Ölen sadece eskiyen bedeniydi. Hepsini biliyordum. Ruhların ölümsüz oluşunu, sadece bedenlerimizin yok olduğunu, ölenlerin sonsuz bir sevgi kaynağına ulaştığını biliyordum. Sonra yavaş yavaş içime bir rahatlama geldi. Annemi özgür bırakmam gerektiğinin farkındaydım, aksi halde ruhu asılı kalırdı bu dünyada. Pasif bir ruh olarak tutunduğu bir bedende acı çeker, asıl kaynağına ulaşamazdı. Bu, eğer onu özgür bırakmazsam mutlu olamayacağı ve öze dönemeyeceği manasına geliyordu. Derin bir nefes alıp "Hoşça kal anne!" dedim.

Acım dinmese de ruhumun darlığı kaybolmuştu. İçime sığabiliyordum artık. Serin meltem esintisine benzer hafif bir yel değdi yüzüme. Elimi üzerine koyup "Huzurla ve ışıkla kal!" dedim. Anladım ki annem ışığa ulaştığının mesajını veriyordu. Arada kalmayıp kaynağına gidenlerden olmuştu.

Annemin ölümünden sonraki yedinci günü de artık ağabeyimle yengemin oturacağı, bacasını onların tüttüreceği baba evinde geçirdikten sonra evlerimize, kendi yaşadığımız şehirlere dönüş için hazırlık ve ayarlamalar ile geçirdik. Yedinci günü mevlidini okutup ertesi günün sabahında da yola çıkacaktık.

Yola çıkma zamanımızdan bir gece önce, saat 02.30 sularında "Hepimiz yatalım. Yarın yolculuk var. Dinlenmiş olarak çıkmalıyız yoksa bu yollar çile olur," dedik ve sağa sola serdiğimiz yer yataklarına, sedire, kanepeye uzandık. Yatmamızın üzerinde on beş dakika ancak geçmişti ki beş buçuk yaşındaki oğlum uykusunda çığlık attı. O "Öpme beni! Yüzümü elleme!" diye sayıklarken aklımıza ilk gelen şey onun rüya gördüğüydü. Sakin bir ses tonuyla uyandırdım oğlumu. Kendine gelmesini sağladıktan sonra sakinleştirdim. Uyudu yeniden. Sonra tam uykuya dalıyordum ki yüzümde ılık bir nefes oluştu. Refleks ile elimi yüzüme attığım an irkildim, bir şeye dokunmuştum! Ardından ablam "Bismillahirrrahmanirrahim!" çekerek doğruldu yerinden, o da irkilmişti. Hemen ardından evin çatısından büyük bir gürültü ile iki kedi yuvarlandı aşağıya. Bütün kardeşler koridora toplandık, "Neler oluyor?" diye. Gelip bizi tek tek öpen annem, vedalaşırken bizlere de bir şekilde ulaşıp, son defa mesaj vererek ayrılıyordu. Geç kalmış olup son kez vedalaşamadığı çocuklarıyla bir şekilde vedalaşmış, bunu bize de hissettirmişti.

Tüm ev hissetmişti ve yataklarımızdan kalkıp durumun büyüsünü, ilginçliğini konuşup şaşkın ve bir o kadar tuhaf bir huzurla uykumuza dönmüştük. Teşekkür ederim sevgili rehberlerim bana son bir veda için bıkmadan mesajlar verdiğiniz için. Teşekkür ederim sevgili Başmelek Azrail, annemin yanında olup muhteşem sevgin ve ışığınla rehberlik ettiğin için.

Ben her ne kadar işaretleri alsam da vedalaşmak, onunla konuşmak için geç kalmıştım. Gücüm buna yetmemişti! Bu süreci yürütmeyi bilememiştim. Tüm annelerin sevgiyle ellerinden öperim, anneminkini öper gibi.

***

"Duygularınızı, dileklerinizi, düşüncelerinizi evrene seslenerek anlatın. Bir şarkıya nota edin mesela ama mutlaka seslenin. Aşkla, barışla, inançla bıkmadan ve vazgeçmeden seslenin. Sizi duyana kadar sakın vazgeçmeyin. O sihirli günler mutlaka bir titreşim olup sana gelecektir."

Abant

Şubat'ın 16'sı... Mevsim normallerinin üzerinde, güneşli bir İstanbul sabahıydı. O sabah bir keyifli, bir heyecanlı uyanmıştım ki sormayın. Eşim, Abant'ta birkaç günlük rezervasyon yaptırmış, bize tatil sürprizi yapmıştı. O hafta sonunu böyle değerlendirecek, minik bir kaçamak yapacaktık. Aramızda kalsın, bu benim ilk kar tatilim olacaktı. Ben soğuk hava sevmem. Neden sevmem, onu da bilmem. Çok üşüdüğümden olabilir. Heyecanımı anlıyorsunuzdur eminim. Karlara gömülü, kartpostal manzaralı bir yer olmalıydı Abant. Sabah 09.00'da yola çıkmak için hazırlanıyor, her şeyi tek tek kontrol ediyordum yeniden. Bir daha ve bir daha bakıyordum hazırladığım valize. Sonunda eşimi gıcık eden tüm titiz hazırlıklarımı bitirip yola çıkarken, sesli olarak dua ettim:

"Sevgili Başmelek Mikail, sevgili rehber meleklerim, lütfen yanımızda olun, yolumuza rehber olup ışık tutun. Mutlu ve keyifli varacağımız yere kadar lütfen bize eşlik edin, yolumuz boyunca bizimle olun. Çok teşekkür ederim."

Her anımsadığımda hâlâ yüzümde kocaman şapşal bir gülümseme olur. Komedi filmlerini aratmayacak bir yolculuğa çıktığımızı bilmiyordum tabii.

İstanbul'dan sabah 9.45'te hareket ettik. Aşağı yukarı altı kilometre gittik gitmedik, yağmur başladı. Nasıl yağıyor ama! Silecekler yetişmiyor hızına. O şekilde biraz yol aldıktan sonra yağmur yerini güneşli bir havaya bıraktı. Normal bir hızda seyrediyorken o muhteşem gökkuşağının renkleri yavaş yavaş belirmeye başlamıştı tepemizde. Göz alıcı bir büyü ile harika bir görsel şölen oluşmuştu gökyüzünde.

Yolumuzun üzerindeki bir benzinlikte ihtiyaç molası verdik. Depomuzu yeniledik, biraz markette gezindik. Tekrar düştük yollara. Bolu yolundaydık, bayağı yol almıştık. Az kalmıştı otele. Derken Bolu tüneline girdik.

"Her yer günlük güneşlikti, hiçbir şey yoktu girerken."

Bu cümleyi çıkışta söyleyecektik zira tünel çıktığımızda kendimizi yoğun kar yağışının içinde buluvermiştik. Birbirimize şaşkınlıkla bakıp "Yok artık!" diyorduk. Sanki şehirlerarası yoldaki sıradan bir tünel yerine zaman tünelinden geçmiştik. Ömrüm boyunca yaşadığım en değişik yolculuğum sanırım bu olacaktır. Sonunda Abant yoluna girdik, kar kalınlığı bir hayli yüksekti. Otele yaklaştıkça buzlanma artıyor, kar kalınlığı daha da yükseliyordu. Otele bir kilometre kala tepeye doğru yol alırken arabamız gizli bir buzlanma üzerine denk gelerek kontrolden çıktı. Kayıyorduk!

Ali ne yaptıysa duramamış fakat arabamız kayarak yolun kenarında kendiliğinden durmuştu. Ali arabadan aşağıya indi, "Siz bekleyin. Çıkmayın dışarı," dedi. Önce aracın etrafında bir tur attı ve panikle "Kımıldamayın sakın! İnmeyin," dedi. Çocuklar ne olduğunu anlamamış, biraz da korkmuşlardı. Arabamız, arka tarafında kalan uçuruma tam yarım metre kala durmuştu ve en ufak hareketimizde kaymaya devam ederek aşağılara yuvarlanabilirdi. Yoldan geçen diğer yolcular bizi görünce hemen yardıma koştular. Ancak gösterdikleri çaba bizim arabayı yukarı çekmeye yetmiyordu. Sonra arka koltuktan büyük oğlum Can kulağıma doğru eğilerek "Anne, meleklerini çağır. Yardım iste bence," dedi. Harika bir fikirdi, ben nasıl bunu unuturdum? Hemen gözlerimi kapatıp tüm kalbimle "Sevgili Başmelek Mikail ve tüm meleklerim, lütfen bizi acil kurtarın. Çok zor durumdayız," diyerek yardım talep ettim! Gözümü açtığım an bir cip durdu karşımızda ve sürücüsü elindeki halatla arabaya doğru geldi. O kadar hızlı yardım gelmişti ki talebime, o gün meleklerimizin ne kadar hızlı elçilik ettiğine bir kere daha büyük sevinçle şahitlik etmiştik. Can "Anne bunu nasıl yaptın?" diye sordu. "Ben yapmadım oğlum, sen söyledin. Onlar da duydu. Ben sadece o an talep ettim," dedim. Arabamız yola doğru çekilmiş, uçuruma düşmekten kurtulmuştuk. Ali arabaya bindiğinde Can büyük bir heyecanla "Baba, biliyor musun ne oldu? Annem meleklerini çağırdı ve anında yardım geldi, inanabiliyor musun?" derken şaşkınlığını yüzünden okuyabiliyordum oğlumun. Böylece güzel bir örnekle oğluma da meleklerinin nasıl Hızır gibi bir el olduğunu ve yardım talebinin mutlaka karşılık bulacağını göstermiş oldum. Can, o gün yüce Yaradan'ın elçileri aracılığıyla nasıl talep oluşturabileceğimize şahit olmuş ve mucizesine tanıklık etmişti. "Anne sen gerçekten sihirlisin," dediğinde gülümsedim, döndüm arkaya, minik bir öpücük yolladım ona.

Dört mevsimi yaşadığımız yolculuğumuzu, otele girerken "Nasıl bir yolculuktu ama!" diyerek kendi aramızda keyifli bir sohbet konusuna dönüştürmüş, makarasını yapıyorduk. Çok şükür, sonunda oteldeydik. Çocuklar ile ben otelin sıcak ikramlarından içerken Ali de giriş işlemlerini yapıyordu. Nasıl olduysa ayırtılan oda dolu görünüyordu ve bizim yaptırdığımız rezerve sistemde görünmüyordu. Anlaşılan maceramız bitmemişti. "Ne olacak? Sorun yok bizim için. Başka oda verin," dedi Ali de. Sistemde sadece süit oda vardı boş görünen. Bir hayli karışan olay, bankadan havale edilen dekontlar sayesinde açığa çıkmıştı. Otel görevlisi önce bu karışıklıktan dolayı özür dileyerek gönlümüzü almış, ardından da süit oda jesti ile olayı çözmüştü. Odaya yerleştik. Saat bayağı ilerlemişti ve akşam olmak üzereydi. Aşağıya inip önce güzelce akşam yemeğini yedik, ardından minik bir tur atıp otelin içini keşfettik. Hepimiz çok yorulmuştuk. Saat henüz 20.30 olmasına rağmen gözlerimizden uyku akıyordu. En iyisi odamıza çekilip dinlenmekti. Biz o gece 21.00 sıralarında bebekler gibi yatağa yapışmış, derin bir uyku çekmiştik.

***

Çok keyifli geçen hafta sonu tatilimiz bitmiş, evimize doğru yola çıkmıştık. Elbette Ali'nin arabasının karla olan sınavı bitmemişti. İlyas Salman'ın "Sarı Mercedes" isimli filmini hatırlar mısınız? İpucu vermek istedim, onun için soruyorum. Sınavlarımız bitmemişti velhasıl. Eve dönerken neler neler gelecekti başımıza? Otele giderken kaydığımız o uçurumun yanından geçtik ve ilerleyen kısımda İstanbul istikametine döndük. Kar tipi halinde yağıyordu. Yollarda kalmış arabaları görünce Ali'ye dedim ki "Acaba otele geri mi dönsek?" Ali durdu, düşündü ve "Tekrar o yokuşu çıkmamız bu havada olanaksız. Baksana, millet çıkamadığı için yolda kalmış," dedi. Haklıydı. Nasılsa biz aşağıya doğru yol alıyorduk ve dikkatli bir şekilde yavaş yavaş ilerliyorduk. Sonra aniden kaymaya başladık. Neyse ki Ali güç de olsa herhangi bir yere çarpmadan aracı durdurmayı başardı. Araçtan indi, lastikleri kontrol ediyordu ve yüzü asıldı. "Ne oldu?" diye sordum. "Zincir atmış, lastik bu yüzden kaymış. Zincir nerede düştü, kim bilir?" dedi. Neyse ki bagajda yedek bir zincir daha vardı.

Zinciri takarken adamcağızın üstü başı sırılsıklam oldu. Araçtan inip valizden kuru kıyafet çıkardım, arabada değiştirdi. Ancak bu yeterli değildi. Buz gibi hava iliklerine kadar işlemiş, Ali o zincirleri değiştirirken adeta donmuştu. Resmen birbirine vuruyordu dişleri. Kaloriferi en yüksek dereceye aldık. Bir yandan yavaş yavaş ısınıyor, bir yandan da arabayı kullanıyordu. Daha üç kilometre gitmiştik ki zincir yine atmış! Soğuktan elleri donan Ali galiba iyi takamamıştı. Başka zincirimiz olmadığından zincirsiz bir şekilde yola devam etmek zorundaydık. Önümüzde konvoy oluşturmuş araçlarla birlikte o kadar ağır ilerliyorduk ki anlatamam. Resmen çileye dönmüştü tatil. Tek amacımız biraz dinlenmekti ama biz tam tersine yorulmuş olarak dönüyorduk bu minik tatilden. Sonra radyoyu açtım. Başladım kanalları gezmeye. Kulağıma yakın bir müzik ararken saat başı haberleri başladı. Açtık kulakları, dinliyoruz. Bir de ne duyalım, İstanbul'da yoğun tipi başlamış. Çok da ciddiye almadık doğrusu. Hatta güldük bile, buradan daha fena olamaz diye. İstanbul'un karından ne olacaktı? Zaten üç saat sonra evimizdeydik. Az kalmıştı!

Üç saatte varacağımızı düşündüğümüz evimize tam on iki saatte vardık. Yolda önce lastik patladı, ardından akü bitti, sonra araba kaydı. Son olarak arkadan kayarak gelen bir aracın önündekine çarpmasıyla başlayan bir zincirleme kazanın göbeğinde bulduk kendimizi. Beş araçtık ve bu kazadan hepimiz nasibimizi aldık.

Arabanın Türk filmindeki Sarı Mercedes'ten bir farkı kalmamıştı! Yola çıktığımız andaki haliyle alakası yoktu artık, darmaduman olmuştu.

"Olan oldu," dedik. "Vardır bunda da bir hayır, hayrolsun," dedik. "Sağ salim evimize gidelim de bunlar sorun değil," dedik. Dedik ama Anadolu yakasından Avrupa yakasına ertesi sabah geldik ve kar diz boyuydu.

Sonraki günlerde dostlarımızdan biri eşime "Ağabey, bir daha kar tatiline gidecek olursanız hava tahminlerine bakıp ona göre gidin," dedi. Karı koca bize bir hayli takılmıştı. Biz de çok gülmüştük, Abant'tan daha fazlası vardı karın İstanbul'da! Kıssadan hisse... Her ne olursa olsun, siz meleklerinizle çıkın yola ve işinizi elçilerinizle daha da kolaylaştırın, derim. Eğer giderken ve dönüşte ben rehberlerimden talep etmeyi ihmal etseydim, bunca sorunun ötesinde daha fenası olurdu belki de. Kim bilir? Yola ilk çıktığımızda o rehberliği talep etmeseydim belki de gülerek anamayacaktım. Aksine hayatımın en kötü olaylarına şahitlik ettiğim bir tatil olarak acıyla hatırlayacaktım belki de.

Benimle ve bizimle olan sevgili Başmelek Mikail'e, sevgili rehber meleklerime ve tüm meleklere teşekkür ederim.

***

"Gerçekten uyanışa erenler, sizin ruhunuzu çırılçıplak görebilir. Yaptığınız roller ve uyguladığınız stratejiler çok gereksizdir. Üstelik yanınızda olmaları gerekmez, sizin sesinizde oluşan titreşimden telepati yoluyla her söylediğinizi duyabilirler."

Mail Kutum

Oturdum bilgisayarımın karşısına gecenin geç saatinde. Melekler ile alakalı kitabım üzerine makaleler hazırlıyorum ve mail kutuma bir mesaj düştü! Üstelik gecenin en sakin saatleri 02.45 suları. Şöyle yazıyordu mesajda:

Gönderen: Maha - 18.6.1979= 451/ Hayatınızın amacı, misyonunuz doğum tarihinizde gizlidir. Mucizeler yaşamıyorsanız planınız eksik uyguladığınızdandır, biliyor musunuz?

Maha kullanıcının takma adıydı ve tanımadığım biriydi. Bunu bilişimden biliyordum. İyi ama kim olabilirdi? Önce şaşkınlıkla birkaç dakika bekledim. Bu mesaj aşırı açık ve net bir mesajdı. Alışkın olduğum halde biraz tuhaf bir duygu içerisine girmiş, inanılmaz bir heyecanla dolmuştum. Acayip bir enerji tüm ruhumu sarmıştı. Nasıl bu denli emindi bilgilerimin doğruluğundan? Ayrıca nereden biliyordu doğum haritama kadar? Şaşkınlığımı hemen atıp ben de cevap yazdım elbette. Bundan sonrasında aramızda geçen karşılıklı mesajları olduğu gibi aktarıyorum size.

Kevser Demet: Hayatım mucizeler ile dolu ve ben de bunu şu saatlerde kitabıma yazıyordum, siz mesaj yazdınız. Merhaba mucizem.

Maha: Neden çektiniz titreşimlerimi?

Kevser Demet: Kim bilir? Rezonans titreşimine denk geldik! Aynı titreşim içerisinde olmalıyız.

Maha: 1 sayısı ve 4 sayısı bende de var. Geçmiş hayatlardan kalma karmamız olmalı.

Kevser Demet: Psişik oluşum ve birçok mucizeye şahitlik edişim bundan olabilir mi, diye soru soracağım o yüce yürek siz misiniz?

Maha: Tesadüf var mı?

Kevser Demet: Her şey birbirinin parçası ve tesadüf diye adlandırılıp anlamlandırılmış hepsi bu.

Maha: Duygularınızı ve arzularınızı nasıl yaşıyorsunuz? İkizler burcunun düalitesinin sizde yoğun tesirleri var. Okyanus gibisiniz, bunu biliyorsunuz.

Kevser Demet: Beni tanıyor gibi bir betim oldu bu. Tam olarak da tarife uyuyorum.

Maha: Yaratıcı güçleriniz var. Farkındalık geliştikçe şifacı gücünüz ortaya çıkıyor.

Kevser Demet: "Sen şu an iyileştirici tapınaklardasın ve şifalandırıp vücudunu yeniden başlatıyorsun. Koruyucu rehber meleklerin de vücudunu onarıyor ve öz benliğin bu şifayı kabul ediyor. Taklit ettiğim, DNA'larımdan getirdiğim, karmalarımdan rol çaldığım, tüm hastalıkları iptal ediyorum. Üç defa iptal ediyorum, iptal ediyorum." Bu ezber bana rehberlerimden yollandı ve birçok hastaya şifa oluyor. Ben daha faydalı olup insanlara, talep edenlere kanallık etmek için sürekli yazıyorum ve okuyorum. Durmaksızın da araştırıyorum.

Maha: Hayatın amacı budur; bildiklerini paylaşarak çoğalmak, aynı frekansta titreşerek buluşmak.

Kevser Demet: Ve ruhların tekâmülüne şahitlik etmek ne güzel!

Maha: Eş ruhunuzla ne vakit tanıştınız?

Kevser Demet: 12 yaşımda, rüyamda!

Maha: Dans ettiniz mi?

Kevser Demet: Evet, daha sonraki yıllarda bir düğünde denkleştik.

Maha: Sonsuza kadar dans etme sözünü verdiniz mi?

Kevser Demet: Hazırladığım kitabıma bunları tek tek yazdım, nasıl bildiniz? Ve beni spritüal anlamda destekleyen sonsuz ışığım, gücüm oldu. Yanımda durup bana inandı, elimi tuttu.

Maha: Sonra?

Kevser Demet: Gelişmemi destekledi. Gelişiyorum.

Maha: Kristal çocuklarınız oldu mu?

Kevser Demet: Ah evet! İki oğlum var, küçüğü psişik.

Maha: Gelişmeye devam, siz büyük bir kaynağa sahip şifacısınız. Maha Manu kader meleği yaratıcı bir organizatördür. Siriusyen'dir, aynı sizin gibi!

Kevser Demet: Şu an yaşadığım duygu yoğunluğumu anlıyor musunuz?

Maha: Evet anlıyorum. Ben kader meleği, organizatörüm. Yaratmaya devam edin…

Dedi ve gitti. Yol göstericim, kendi içsel yolculuğum ve ruhsal tekâmülüme katkın için tekrar sonsuz şükranlarımla…

Tam iki hafta sonra bir mesaj daha düştü mesaj kutuma Maha'dan.

Maha: Bazı ruhlarla karşılaşmanız yazgınızdır. Bu engellenemez bir çekim alanı yaratır, deneyimlenecekler engellenemez ancak öğrenilir. Tüm o kalabalık içinde gözünüzün seçtiği, tanışıklık hali aslında ruhun ruha selamıdır. Ve işte o karşılaşmaların sonunda neler yaşayacağını bilsen de her bir etabı baştan sona deneyimlemeye gönüllü olursun.

Neyin mesajıydı bu? Hangi olayımın habercisiydi de ben neden hâlâ bu mesajın yerini bulup birleştirememiştim?

Sadece bulmaya odaklanmıştım ve bu sesli işaretlerin peşine düşmüştüm artık. Mutlaka bir sebep içeriyordu üstelik bu kadar yakın mesajla da ilk defa kontak kurmuştum. Acayip heyecanlı ve mutluydum.

Bir yandan da nefes atölyesi araştırıyordum çünkü doğru nefes almanın meditasyonda rolü büyüktür. Öğrenmeli, deneyimlemeli, danışanlarıma yol göstermeliydim. Alanında uzman birçok kişiye ulaştım hatta karar da verdim kimde bu eğitimi alacağıma. O sıralarda aldığım koçluk eğiminin son iki modülü bitince başlayacaktım ve kanallık ederken de yarar sağlayacaktım danışanlarıma. En iyisini, en doğrusunu anlatmak için kendimi de devamlı olarak geliştiriyordum.

Aynı günlerde Facebook sosyal paylaşım sitesinde bir arkadaşlık talebi düştü bildirimlerime. Açtım, "Kimdir bu?" diye.

Maha yazıyordu! Önce biraz bir şaşkınlık oldu ve hemen profile girdim. Sanki yıllardır tanıdığım bu bilindik yüz, nefes koçu olarak tam karşımda duruyordu. Beynimde binlerce ışık ışıltılar saçarak sonunda izini sürdüğüm mesajı bulmanın, doğru kaynağa ulaşmanın o tarifsiz hazzını yaşattı bana. Bir saniyede binlerce saat kattı ömrüme. Teşekkür ederim rehberlerime, teşekkür ederim meleklerime... Ve tüm enerji kanallarıma sonsuz teşekkürlerimle...

***

"İnsanı bir bütün olarak anlatacak olursam; kozmik enerjiden oluşan, titreşim frekansına sahip, kütle bedene saklanmış bir enerji maddesi diyebilirim."

"Her neyi diliyorsan yapman gereken beş şık var; ona odaklan, onu hisset, onu işit, onu konuş ve onunla meşgul ol. Kendin bu titreşim ile aynı frekansa girmeyi başarırsan istediklerin hayrına ise olmaması imkânsızdır."

Tabiatın Süptil Sesi ve Kanallık Etmek

Gözlerimde zerre kadar uyku yoktu! Yaşanan bunca şeyi kaleme aldıktan sonra uyumak işime gelmiyordu ve kulağımda küçük bir ses vardı. "Hadi," diyor. "Hadi!" Beni çağıran bir güç, bir enerji vardı. "Güneşin doğumuna zaten bir saat kaldı. Az sonra güneş uyanacak sen uyumadan," diyordu kulağımdaki ses. Madem öyle ve yüreğim bu denli coşkuluyken, adeta içerimde atlar çifte atarken "Rehberlerimi dinleyeyim," dedim.

Bir şeyler atıştırdıktan sonra eşofmanımı giyip otoparka indim. Ayaklarıma teslimim. Güneş bütün sevgisiyle aydınlatıyor; kocaman bir gülümseme gibi sanki. Albatros Sahili'ne attım kendimi. Yürüyor, bir yandan ciğerlerimi oksijenle dolduruyor ve aynı zamanda buz gibi soğuk havayı iliklerimde hissediyorum. Yaşamsal bir haz duyuyordum. Hem üşüyorum, "Varım, hayattayım," diyor hem de kış güneşinin doğumuna şahitlik edip her zerremde hissediyordum hayatı. Martıların dilinden çığlık çığlığa canlı türküler dinliyor, karabatağın ayaza aldırmadan denize batıp çıkışını hayranlıkla izliyordum.

Gecenin ayazından aşırı derecede üşümüş bir kedi sinmiş bir kenara, göz göze geldik. O çekingen bakışı ve benden korkması içime dokunmuştu doğrusu. Hastalanmış, bir hayli de güçsüz düşmüştü. Yaklaştım ürkütmeden.

Nefes alışverişleri dikkatimi çekmişti. Bir problem vardı. Neyi olduğunu tam olarak bilemiyordum ama çok hasta olduğu her halinden belliydi. "İçimdeki beni uyutmadan çağıran ses sen misin miniğim?" diyerek oturdum yanına ve iki elimin arasında kozmik enerjiyi aktif ettim. "Biraz sonra ısınacak ve evrenin şifacı kaynağına bağlanarak seni de inşallah iyileştireceğim," diyerek başladım enerji çalışmaya. Yaklaşık yarım saat kadar bioenerji ile tüm vücudunu uyumlayıp şifa aktardım. Otuz beş dakika sonra hareketleri biraz daha canlanmıştı ve artık bana güveniyor, benden korkmuyordu. Aktarımı tamamlamıştım, kırk dakika dolmuştu.

Bioenerji, vücudun tüm katmanlarını ele alıp enerji aktararak fiziki bedeni evrensel kaynağa bağlayıp şifalandırmaktır. Bağışıklık sistemini güçlendirmektir. Zihinsel, fiziksel, duygusal ve ruhsal ayarlarının bir nevi akort edilmesidir.

Bioenerji uzmanı, şifa aktarımını, enerjiyi kendi ellerinde aktif hale getirip kişiye aktararak gerçekleştirir. Birçok bioenerji uzmanı, şifa aktırırken kendi aurasını kullanarak enerji akışını sağlar. Spritüal şifacıların avuç ortalarında şifa kaynağı vardır. Bu kaynak avuç içinin tam ortasındadır. Çakralara benzer ve sonsuz bir güç kaynağına sahiptir. Şifa aktaran bioenerjist, aktarım sırasında danışanı ile birlikte evrenin sonsuz kaynağına bağlandığından, yeniden enerji yüklenerek kendini de temizlemiş, her türlü enerji yırtıklarını da onarmış olur. Başka bir deyişle bioenerjist, enerji alanları hastalıklarını şifalandırırken ve tüm ruhsal onarımları gerçekleştirirken kendi enerjisini de yeniden şarj etmiş olur. Şifalandırma sırasında fiziki beden, eterik beden, duygusal beden, zihinsel beden ve astral bedeni sırasıyla temizleyip rahatsızlığın olduğu bölgeye yeniden yoğunlaşıp yoğun bir enerji aktarımı ile şifalandırmayı sağlar. Özellikle patolojik hastalıklar için direkt bir tedavi olarak değil, bütüncül olarak kullanılır.

Bioenerji, bütün canlılarda mevcuttur ve kozmik bir enerjidir. Kozmik enerjimiz evren ile devamlı bağlantı içerisindedir. Kâinatın içerisinde bulunan her canlının hayat akışlarının aktif kalması için bu enerjiye bağlı olmaları gereklidir. Aslında kâinattaki her şey canlıdır ve her şey bu kozmik enerjiye bağlıdır.

Bioenerji, on sekiz bin yıllık çok eski ve köklü bir geçmişe sahiptir. Tibet bölgesinde eski şaman Türklerinin keşfettikleri bir şifa kaynağıdır. Tibetliler ruhun enerji maddesi hakkında en eski ve en iyi bilgilere sahiptir. Şaman rahipleri, özel mağaralar da mumlar yakıp, özel kıyafetler giyerek hasta kişilerin ruhlarını ve fiziki bedenlerini bu enerji aktarımını kullanarak uyumlamışlardır. Ardından bu şifa aktivasyonuna bioenerji adı verilmiştir. Bioenerji, doğal enerji anlamına gelir. Kediciğe yaptığım enerji aktarımının ardından kucağıma alıp montumun içine yerleştirdim onu, sıra karnını doyurmaya gelmişti. Az ileride bir sabahçı kahvesi buldum. Gerçi orada süt bulamamıştım ama şansımıza ekmek vardı. Karnı doyunca vücudu da iyice ısınmış olmalı ki korkusuzca bana ağız dolusu miyavlıyor, kuyruk sallayıp sırnaşıyordu. Arkadaş olduğumuza göre artık sorunumuz yoktu. Ben bir illüzyonun içindeymiş gibi her şeye büyülenmişçesine bakıyor, kalbimin sesini duyuyordum. Öyle hızlı, öyle acele ile atıyordu ki kontrol edemiyordum. Kanallık edebilmek, bu yavru kediyi kozmik enerji ile yeniden uyumlamak beni de yenilemişti.

Doğaya bakmak ile görmenin ayrımını öğrendiğim günden bu yana, hayatımın kesiştiği her kareye artık sadece bakmıyor, illüzyonu aşıp titreştiği frekansı da görüyordum.

Bana müthiş bir heyecan veriyordu tabiatı dinlemek, ağaçlara sarılmak ve durup süptil sesi dinlemek. Doğayı sadece duymayın, ona kulak verin ve onu dinleyin! O nasıl muhteşem bir resitaldir! Bir defa duysanız biliyorum ki müptelası olursunuz.

Benim Albatros Sahili'nde bir de ağacım var. Oraya her gidişimde ziyaret eder, sarılırım ve insanların garipseyen bakışlarına aldırmam. Onların bunu tuhaf bulduğunun farkındayım ancak neleri duyup hissedebildiğimi bir bilselerdi eminim tuhaflığın bende değil, kendilerinde olduğunu idrak eder, mahrum kaldıkları şeyi düşünerek derin bir kedere bile düşebilirlerdi. Benim için önemli değil kimin nasıl baktığı, ne düşündüğü. Ben ağacıma sarılır, kulağımı dayar, dinlerim. Yaprakları nasıl salınır, yaşamsal tek bir ses var mı diye dakikalarca dinlerim. Üstelik bu bana terapi yapar, topraklanırım.

Güzellikler ile donanmış bir dünyada yaşayıp, yaşam telaşından bunlara kulak kabartmadan, görmeden nasıl da her gün geçip gidiyoruz yanından hayatımızın. Telaşa kapılan düşünceler, daha uyandığımız, gözünü açtığımız an hesap yapmalar, camını açıp temiz havayı ciğerlerimize çekmek yerine çakmağa sarılıp sigara yakmalar... Nikotin ya da başka bir şeyle beynimizi edilgenleştirirken nasıl da yavaşça akıp gidiyor oysaki hayatımız yanımızdan. Lütfen duy rehberlerini, hayatı kokla, kulağındaki sese güven ve hiç değilse bu satırlardan sonra bir defa dahi olsa sadece doğayı duymak, o şarkıya eşlik etmek için kendine bir saat ısmarla. Bilerek deneyimlemek için nefesini dinleyerek adım at. Ardından göreceksin ki kalbin ritmi ile teşekkür edip ayakların koşar adımlar ile sana eşlik edecek. Sonra bu durumu yaşantınıza dâhil edip kendinize yeni bir hayat ısmarlayacaksınız. Yavaş yavaş çakralarınız aktive olacak, duru duyularınız açılıp rehberleriniz size daha kolay ulaşacak. Kendi şifacınız, kendi koçunuz, kendi rehberiniz olmak; inanın bana, size müthiş bir öz güven verip sizi tekrar güçlerinizle de buluşturacaktır.

Az ilerideki sabahçı kahvesine tekrar dönüp kokusu burnuma mis gibi dolan o taze çekilmiş Türk kahvesinden sipariş ettim kendime. Bu sabahçı kahvesi, tek bir oda büyüklüğünde, kulübeden dönüştürülmüş salaş bir çadırdan oluşuyordu. Her gün sporunu bitirenler, buraya gelip bir bardak sıcak çay ya da kahve içtiklerinden sabah sporlarında düzenli olarak denk geldikleri kişilerle de çoktan tanışıklık oluşturmuş, böylece bu kahve de hoş sohbetler edilen sımsıcak bir ev havasına bürünmüştür. Yüzümde tuhaf bir gülümseme oluşturan bu enerji ruhuma ne iyi geldi! "Rehberlerimin fısıltısını dinleyip harekete geçerek ne iyi ettim de geldim!" dedim kendi kendime. Keşfettiğim bu salaş kulübe benim de uğrak yerim olacaktı; belliydi bu yüzümdeki gülümsemeden, içime dolan huzurdan, damağıma değen o yumuşak kahve tadından. Sobada çıtırdayan ateşin sesi nasıl mayıştırmıştı beni, bıraksalar oracıkta uykuya dalabilirdim.

Bir süre daha keyfini sürdükten sonra oradan çıkıp ağır hareketlerle arabaya kadar yürüdüm. O soğuk ve sabah ayazı yeniden beni uyandırdı. Bir an önce eve varıp, yorganın altına girmek ve direkt uyumaktı o an tek gayem. Çok üşümüştüm ama çok da hoştu içim. Hoşnuttu ruhum halimden. Gönlümde o yavru kedi, dilimde sevgili büyüğüm, büyük üstadım Cavit Çağ'ın öğüdü vardı. Şöyle diyordu ve çok doğruydu.

Kendini nerede,

Nasıl hissedersen

Ona göre oluşur

NASİBİN!

Köle hissedersen, SAHİBİN...

Kurban hissedersen, KASABIN...

GELİR!

Seni TESLİM alır.

Duygularına DİKKAT ET!

Açacağım danışmanlık ofisimi düşünüyordum ve nasıl dekore edeceğimin hayalini kuruyordum. Günümü ne güzel özetliyordu sevgili büyüğüm Cavit Çağ'ın öğüdü. Yorganı tepeme kadar çektim, gömüldüm onca uykusuzluğun ardından yatağıma ve anında gözlerim uykuya teslim oldu. Nasıl güzel geldi bu uyku, nasıl tertemiz olmuş ruhum ve duyularım! Harika bir enerji ve topraklanmış vücudum ile derin bir uykuya daldım.

***

"Neyi arıyorsan önce dur ve kendine sor. Ardından içindeki bilgenin sesine kulak vermeyi seçersen ve duymayı denersen hem haritan olacaktır hem de yol."

Beki İkala

Kendimi çok enerjik hissederek uyandığım bugün, rehberlerim tarafından büyülü bir mesaj alacağımı henüz bilmiyordum. Ben bu kitabı yazmaya başladığım zaman, sevgili büyük yazar ve yol göstericimiz Beki İkala'yı talihsiz, elim bir durumdan dolayı ebedi hayatına uğurladık. Artık her yazmaya geçtiğimde bilgisayarıma ve meleklerime uyumlanırken sevgili Beki İkala ile de uyumlanıp yazıyordum. "Sevgili Beki, ellerim ellerin, zihnim senindir. Nasıl uygun görür, nasıl istersen mesaj yollayabilir ve yazabilirsin," diyordum. Titizlikle hazırladığım bu yazıları özenle ve gerçekten yaşamış, şahitlik etmiş arkadaşlarımı tek tek ulaşarak bilgilendiriyor ve kaleme alıyordum. Kitabımda yer alan bütün hikâyeler gerçekten yaşanmış, meleklere dokunmuş, artık bu lügati dil edinmeyi öğrenmiş arkadaşlarım ve ailemdir. Yolunuza ışık tutabilmek, rehberlerinizle buluşmanızı sağlamak için sizlere yine özenle "Hangi konuyu anlatayım?" derken, rehberlerim ve sevgili Beki'ye uyumlanıp düşünürken telefonum çaldı! Serap arıyordu!

Kevser Demet: Alo?

Serap: Müsait misin canım?

Aslında sesi titriyor ve kötü bir haber verecekmiş gibi cümle kuramıyor, sürekli yutkunuyordu. Aklımdan kötü senaryoların geçmediğini söylesem yalan olur. Acaba kime ne olmuştu? Yoksa Zehra Hanım mı hastaydı? Tüm gücümle sakin kalmaya çalışıyor, cümlelerini kesmeden konuya gelmesini bekliyordum. Çok korkmuştum, korkutmamalıydım. Oturduğum koltuğa sinmiştim. Duyacaklarım hakkında tek bir fikrim yoktu. Ellerim kireç gibi olmuştu, üstelik vücut ısım da hızla düşüyor, kalp atışım hızlanıyordu. İnsan en yakın arkadaşının sesindeki endişeyi nasıl anlarsa ben de o sesin tonundan, iliklerimden tırnaklarıma kadar hissediyordum, bir şeyler olduğunun farkındaydım.

Serap yaklaşık iki yıldır alternatif tıp üzerine eğitimler alan, duru görülere sahip bir yeryüzü meleğidir. Türkiye'ye gelen her şamanı, her şifacıyı, her yeniliği sonsuz merakla takip edip bundan da yararlanır. Hem şifalanır hem bilgisine yenilik katar hem de çevresini bu konularda bilgilendirir. O, dünyalar iyisi bir melektir. Türkiye'ye gelen bir şamanın şifa terapisinden yeni çıkmış ve yaşadığı olayların şokuyla direkt beni arıyordu.

Kevser Demet: Müsaidim canım, gelsene.

Serap: Yok canım, beni dinle sen. Çok acayip şeyler yaşadım, anlatmam lazım acilen. Şu an bir seanstan çıktım. Çok ünlü bir şaman bu. Adı Shaman Durek. Anlatacağım, sen de araştırırsın zaten. Girdiğim seansı ses kaydına aldım. Sana dinletmem lazım, neden seni aradığımı söyleyeceğim. Seans esnasında Beki İkala geldi ve ben o an kendimi şifacı Shaman'a seans yaparken buldum. Bir saat sürdü. Üstelik Beki dedi ki seninle bir şeyler yapmam gerekmiş. Senin bundan haberdar olman gerekmiş. Acayip şeyler yaşadım ve gördüm.

Seninle bir şey yapmalıymışım ama ne olduğunu ben de tam bilemiyorum. Sanki bir görev verdi. Sizi bir araya getirmeliymişim. Nasıl olacak, ne olacak, ben de bilmiyorum.

Sonra seans bittiği anda gözüme şöyle bir şey göründü. Seninle aynı yerde olup yan yana meditasyon yapıyoruz, metitatif ana geçip, buna niyetlenip ona odaklanıyoruz. Sonra da ne oluyorsa o zaman oluyor. Galiba Beki ile sizi buluşturmak için alan yaratmam gerekiyor. Bilmiyorum.

Kevser Demet: Heyecandan tüylerim diken diken oldu Serap! Şu an tarifsizim. Ben kitabımı yazmak üzere her oturduğumda kurduğum ilk cümlem şu: "Sevgili Beki ellerim ellerindir. Neyi dilersen, neyi eksik bıraktığını düşünüp, tamamlansın istersen yüreğim duyguların senindir. Sana uyumlanıyorum sevgili Beki!" Ali de etrafımdaki birçok kişi de bundan haberdar. Tek cümle kuramıyorum Serap. Bizimle, benimle ve seninle bağlantıda Beki! Düşünsene, sanki bunları Beki hesaplamış gibi! Telefonuma konuşma kayıt programını daha yeni indirdim ve şu an tüm konuşmalar da kayıt altına alınıyor, sence de bu çok tuhaf değil mi?

Serap: At bana konuşmalarımızı, çok heyecanlıyım. Her ayrıntıyı ve konuşmamızı yeniden dinleyeceğim o halde. Bu arada şifacı Shaman "Evet Beki, ben seni duyuyorum," dedi. O da gördü geldiğini o anda. Acilen senin de dinlemen gerek, benim de kayıttaki konuşmalarımı.

Kevser Demet: Çok şaşkınım. Dilim dolaşıyor benim şu an. Düşünüyorum da ikimizin bir birbirimizden habersiz bu kayıtları alması sence ne olabilir?

Serap: Ben de kafamı toplayamıyorum, tam olarak çok tuhafım.

Kevser Demet: Net bir mesaj bu Serap. Her yerim de titriyor, kireç gibi oldu heyecandan ellerim.

Serap: Bizim acilen yan yana gelmemiz gerek. Sadece onu hissediyorum şu an.

Kevser Demet: Lütfen sen de telefonu kapatınca bu yaşadığını ve şimdi, anda yaşadığın duygularını telefonuna kayıt altına alarak bir bir duygularını, ne hissettiklerini anlat, olur mu?

Serap: Bunu yapacağım, evet.

Kevser Demet: Yine uyumlanıp yazacağım ben ve Beki belki bu defa net bir veri ile yazar, kim bilir? *Ellerim elleri, yüreğim yüreğidir Beki'nin,* diyerek tekrar yazacağım. Bir mesaj, bir işaret olursa hemen seni arayacağım.

Serap: Tamam canım. Daha fazla konuşamayacağım, biraz nefes alıp sakinleşmeliyim. Sonra konuşup haberleşiriz.

Kevser Demet: Peki, konuşuruz. Teşekkür ederim bilgilendirdiğin için.

Ben telefonu kapatıp, kaç defa dinlediğimi bilmediğim o konuşma kaydımızdan son dinlediğim tekrarda ayrı bir nefes duydum! Üçüncü bir nefes vardı bizim konuşmamızın arasında ve hemen ses kaydını kulaklıkla dinlemesi için Serap'a bilgi geçtim. Benim duyduğumu o da duyacak mıydı? Ne yerdeydim ne gökte! İçim içime sığmıyor, ayrı bir bayram yaşıyordum. Kalbim davul gibi çalıyordu. Şenlik vardı, panayır alanına koşan bir de minik bir kız çocuğu sanki.

Kevser Demet: Canım, attığım kaydı kulaklıkla dinler misin?

Bir saat sonra, Serap kaç defa dinledi bilmiyorum, bana kısa ve net bir üslupla cevap attı.

Serap: Duydum, ürperdim!

Biz, aradan bir hafta geçmiş olmasına rağmen hâlâ müsait olup bir araya gelememiştik ve o günden sonra bu konuyu konuşmak için birbirimizi aramamıştık. Ben o gece yatağıma uzandım, "Sevgili Beki, sevgili meleklerim, sonsuz ışığınız üzerimde olup beni aydınlatın. Sizi seviyorum," dedim. Gözlerimi daha yeni kapattım, alfa modundayım. Aşağı yukarı beş dakika sonra iki göğsümün arasından yüzü bana dönük bir kafa çıktı. Alnı alnımda, gözleri gözümde tanıdık bu yüzün kimin olduğunu anlamak için bakıyorken Beki bana "Bilincini otomatik düşüncene yönlendir ve onu yönet! Bakış açın ve hayatın değişecek. Eğer bunları yapmayı denersen daha da güzelleşip kolaylaşacak hayatın. Seninleyim, yanındayım, arkandayım," Dedi. Sesiyle ruhuma dolan şefkat beni ve her zerremi saf bir sevgiyle kuşattı. Artık sadece yazarken değil, daima Beki'den rehberlik istiyorum. Biliyorum ki benimle.

***

"Eğer insanlar, kendi içsel yolculuğunda mantık kurallarını aşıp seyahat edebilselerdi içlerindeki bilgede saklanan bilgi, sonsuz enerji ve sahip olduğu güçler sayesinde fiziki bedenden çok başka boyutlara kolaylıkla yükselmenin ne olduğunu hızla keşfedebilirlerdi! Fiziki bedenleri içerisinden hızla enerjiye dönüşüp özgürleşirler ve zihinlerinde hapsettikleri kendilerini, kuşkusuz azat ederlerdi."

"Bir tek uyanmış insanlar savaşmaz, bilir ki sadece sevginin gücü büyülü bir silahtır ve sarılmak her ruhu iyileştirir. Çünkü en güçlü titreşim koşulsuz saf sevgidir."

Sevdikçe Uyanır Kalbin

Sevmek fiili kelimede hafif fakat yürekte en ağır yüktür! Ama taşıması en keyifli olan da yine odur. Sevmektir...

Yüreğinize sevgi filizini ekin. Yaşantınızda bunu taşımak, içinizde koca bir ağaç yeşertmek ve büyürken onu izlemek müthiş haz verip sonsuz keyifli olacaktır. Zira her yüreğin bir yükü, her hayatın yaşanmak için bir amacı vardır. Sevmek olsun yükünüz, sadece sevmek! Gerisi ömür diye isimlendiren kısacık bir hikâye!

Kanallık edip yüreklere dokundukça kalbim büyüyor benim. Ruhum ısınıyor. "Kime sırnaşayım bugün?" diye aranır oluyorum bazen. İnsanlar, dokunmanın ve yardımcı olmanın hazzını bir defa yaşayıp, tadını alınca artık iyilik olmadan, insanlara fayda sağlamadan yaşayamaz hale geliyorlar. Bu da aslında bir nevi bağımlılık! İnsanı sevme, canlılara yardımcı olup kanallık etmek de bir tür bağımlığa giriyor. Bu duygu öyle bir kaynak ki tüm dünyanızı en güzel renklerine bulayıp yaşamsal alanınızı müthiş bir enerjiyle kaplıyor.

Çünkü artık pencereden baktığınızda gördüğünüz sokağın dizaynı, sonbaharda kuşların göçü, spor yaparken yürüdüğünüz o sahilde içinize çektiğiniz yosun kokusu, yağan yağmur sonrası temizlenen yaprağın rengi, çıplak ayakla bastığınız toprağın dokusu, rüzgâra kapılıp uçuşan kuru yapraklar, gece sokağını aydınlatan lambanın altında uçuşarak inen kar, bahçende yeni filiz veren goncalar ve daha sayfalarca yazabileceğim bir dolu şey... Hepsine bakışınız ve hepsine yaklaşımız dahi değişir.

Bu satırın altını çizin çünkü artık farkındasınız ve bunların hazzını yaşamak üzere şu an, bu satırları okurken ilk adımı zaten attınız. Gördüğünüz her şeye ama her şeye bir tablo gibi bakmaya başlayacaksınız. Ardından yaşamsal tüm kaynaklara müthiş bir bağ ile dokunup yaklaşacaksınız! Tüm canlıların nasıl da muntazam varlıklar olduğunu, yüreğinizdeki o dar sokağı genişletince anlayacak, bu lezzetin tadına varacaksınız. Evrene kocaman bir gönül sofrası kuracaksınız. Siz gitseniz bile dünyada sofranız ve hatırınız kalır. Nice gönüllere atılan tohumunuzun başağı kalır. Büyüttüğün kedinin yavrusu kalır, okuttuğun o öksüzün duası ve yetiştirdiğin çiçeğin kokusu kalır. Sen elini, atan o minik kalbine koy ve ritmi ile dansa dur. Güneş tef çalsın yüreğinin derinine. Yağmur alkış tutar nasılsa. Haydi gülümse. Bütün evren tüm enerjisiyle o zaman yanında duracak, sana sırt veren nice yardımcıların ve rehberlerinle berrak yollarda ayağın taşa değmeden ilerleyeceksin. Sev demiş şarkılar bile, sev! Sev çünkü sevdikçe uyanır kalbin. Sevmek çoğaltır seni...

***

"Yaşamsal enerjilerinizi daima yüksek tutun. Tutun ki yaşlanan sadece bedeniniz olsun, zihniniz değil. Eylemleriniz ve seçiminiz size ait, unutmayın. Seçimleriniz, sadece kendi tercihiniz olsun. Bunu siz istediğiniz için yapın. Bu müzik size ait, notasından dansına, tınısından, raksına sizin! Dans etmek istiyorsanız müziğinizin peşinden gidin!"

"Enerji bedenin beş katmandan oluşur. Bunlar; astral bedenin, zihinsel bedenin, duygusal bedenin, eterik bedenin ve fiziki bedenindir. Eğer bu katmanlarından herhangi biri zayıflar ya da yırtık oluşursa hastalıklar ilk olarak bu enerji bedeninden başlayıp fiziki bedenine kadar uzanarak hastalıkların vuku bulmasına sebep olacaktır."

Mavizihin

Hayalini kurduğum ofisimi nihayetinde bulmuştum. Emlakçının beni götürdüğü yön ve alanın enerjisi kalp atışlarımı değiştirmişti. Resmen hissediyordum, orası benimdi. Daha bahçeye adım attığım an, nefesimde oluşan o tiz enerjiyi iliklerimde hissettim. Beni içeriye doğru uçar gibi çeken bu enerjiyi ise tarif edip yazıya dökmek çok zor. İzahı yok! Yüce bir el, beni sırtımdan kavrayıp içeriye koşar adımlarla götürdü. Evet, bunu da hissediyordum. Daha bahçeyi incelemeden, ilk beş dakikada, bir solukta tüm katları gezmiştim. Dokuz odadan oluşan bu üç katlı ofis, arka ve ön bahçesi ile tam benim hayalimde yarattığım ve evrene ısmarladığım yerdi. Daha gördüğüm an "İşte!" demiştim. Dualarımda meleklerimle konuşurken sürekli tarif ettiğim yer burasıydı. Bir dua bu denli mi güzel kabule erişirdi? Teşekkür ederim Allah'ım ve teşekkür ederim sevgili meleklerim…

Bu şirin yapının, daha ilk anda bana hissettirdiği yoğun enerjisinin dışında sağlayacağı başka avantajlar da vardı. İnsanların ofise ulaşımı çok kolay olacaktı. Bu da dualarımda istediğim bir şeydi. Ben, her gelir grubundan insanın bana kolayca ulaşmasını ve iyilik hareketini başlatmam için ofisimin bulunduğu komunun kolay erişilebilir olmasını istemiştim. Büyükçekmece'de, metrobüsün son durak noktasının oldukça yakınında bulduğum bu yer, resmen kalbimin atışını değiştirmiş, her dileğim ve talebim kabul edilmişti. Her şey tam gönlüme göreydi.

Bir eğitim esnasında tanıştığım arkadaşım Fatma salık vermişti burayı bana. "Git, bak, filanca emlakçıda," diyerek beni yönlendirmişti. Sanki arkadaşım, burayı daha hızlı bulmam için karşıma çıkan bir yeryüzü meleğiydi. Ona hayallerimi öyle içtenlikle anlatmıştım ki... Belki de bu yeri bulmam içinmiş bu denkleşme, bu tanışıklık diye düşünmüştüm hayalimdeki enerji dolu ofisime kavuştuktan sonra çünkü hayatımızdaki hiçbir rastlantı, tesadüf değildir. Fatma gönlümün sultanı ve çok sevdiğim bir gönüldaşımdır. Ayaklarımı yerden kesen bu üç katlı yapıyı, hemen o gün, on beş dakikada heyecan içinde tutmuştum böylece.

Aslında hem çok büyük hem de neredeyse harabeye dönmüştü ve kesinlikle ciddi bir tadilata ihtiyacı vardı. Ancak umurumda değildi tadilatın ne kadar süreceği. Burası bana aitti, ben de buraya aittim, bunu biliyordum. Anahtar elimde, kontratı yapmak için uçar gibi gittim emlak ofisine ve kimseye kaptırmadan, bana ait olan enerjinin anlaşmasını hemen o gün içerisinde de yaptım.

İçeriyi dekore etmem yapılan tadilat tam üç ayımı aldı; yer çok büyüktü ve kafamdaki dekor biraz incelik istiyordu. Aşırı hoyrat kullanıldığından, itinalı bir tadilat gerektiriyordu. Duvarlarına değdiğim an çıkan o enerji ise benim için bu durumu katlanılır kılıyordu. Tadilatın süresi umurumda değildi. Ben hayalini kurduğum alanı bulmuştum ve şimdi sıra kafamda oluşturduğum dekorları gerçeğe dönüştürmeye gelmişti.

2017 yılı ağustos ayının son günlerinde tuttuğum yapının tadilatı kasım ayının sonlarında bitmiş, ben de 2018'in ilk haftasında yavaş yavaş yerleşmeye başlamıştım. Büyük bir açılış kokteyli düşünüyordum ama ofise girince anladım ki hala eksiklerim var ve biraz daha beklemeliyim. Her şeyin mükemmel olmasını istediğimden açılışı erteledim. Bu sırada, acil yardım almak isteyenleri kabul etmeye de başlamıştım. Dekorasyonu ve eksikleri bitmemiş olmasına rağmen ofisime gelenler büyülenmişçesine hayran olduklarını anlatıyor, çok beğendiklerini dile getiriyorlardı. Ortam harika bir auraya sahipti ve içeride dinlendirici süptil bir ses vardı. Bunu sadece ben duymuyordum. Gelen her misafirim ne kadar huzurlu bir yer olduğunu, meleklerin sanki onlarla konuştuğunu ifade ediyor, "İnsanın kalkası gelmiyor," diyorlardı. Evet, bu tarzda çok fazla cümle duyuyordum.

Yeni bir yer olmasına rağmen randevularım da bir hayli fazlaydı. Dokunduğum hayatların hızla dönüşme haberlerini aldıkça sevinçten ruhum büyüyor, yüzümde kocaman bir gülümseme oluşuyordu. Dünyaya geliş nedenimi biliyordum ve amacıma doğru yol alıyor olmak bana güç veriyordu. Henüz hayal ettiğim açılışı yapmama rağmen şehir dışından bile gelen danışanlarım olduğunu bilmek beni mutlu ediyordu.

***

"Evreninin sesini duyabilirsin ancak hangi notayı çalacağını bilmen gerek. Çünkü evreni ancak aynı notada olarak yakalayabilirsin. Rezonansa girmek ve aynı tonda olmak ise duyduklarında gizli! Sakinliğini sürdürebildiğin ve sükûnetini devam ettirdiğin sürece aynı senfoni içerisinde dans ederken bulabilirsin kendini."

Doğru Duanın ve İstemenin Gücü Nasıl Olmalı?

Evrenle doğru titreşim içerisinde olmak ve aynı frekansa girmek, dua ve dileklerimizin bize hızla yansıması demektir. Bunun için uyumlu titreşime dâhil olmakla başlamalıyız. Nefes egzersizlerimiz, doğa ile bütünleşmek, enerji bedeni temizliğimiz ve fiziki beden temizliğimiz önceliğimiz olmalıdır. Ne olmasını arzu ediyorsanız ilk olarak ona odaklanmalı ve asla bu istekten vazgeçmemelisiniz. Çünkü evrenle pazarlık yapamazsınız, evren koşullandırmalardan hoşlanmaz! İstekleriniz için hazırlık yapar fakat size ne zaman yollayacağını ilahi zaman karar verir. Eğer siz "Aman bekledim, bekledim, olmadı," diye cümle kurup sözlü titreşiminizi evrene bu şekilde bıraktıysanız bu evrenin sizin için hazırladığı o istediğiniz şeyi iptal etmesi demektir. Neden mi? Çünkü siz vazgeçmiş oldunuz. Vazgeçti olarak titreşir çünkü "Bekledim de olmadı," cümleniz.

Umudunuzun kırılmış ve beklemekten sıkılmış olmanız, olumsuzluklarla dolu bir titreşim bırakmanız demektir evrene. Şöyle bir özet vermek istiyorum, bir kelebeği avucumuza alamayız, değil mi? Durup kendi isteği ile omzumuza konmasını bekleriz sakince. Asla ısrar edemeyiz sadece sabırla beklememiz gerekir ve biz de bunu biliriz. Kelebeğin keyfine bırakır, onun omzumuza konması için sevgiyle bekleriz. Israrcı olursak kaçar, tutmaya çalışırsak da o narin canlı ölür, bunu biliriz. Tıpkı kelebek gibi sakince beklememiz, dualarımızın ve isteklerimizin ters çaba kuralına takılmadan gerçekleşmesi demektir. Ama acele edip "Olmadı ki o kadar bekledim, daha ne kadar bekleyeceğim?" dediğinizde ters çaba kuralı kaçınılmaz olduğu gibi evren de bunu vazgeçti olarak anlar ve siparişinizi iptal eder.

Bir kural daha var! Çok arzu edip istediğiniz dileğinizi, dua edip istedikten sonra onu bir sır gibi saklayın. En sevdiğiniz anneniz, babanız, kız kardeşiniz, kocanız bile olsa kim olursa olsun, söylemeyin. Söylemeyin ki hem olumsuz düşünüyorlarsa olmaz hem de "Ne zaman olacak?" beklentisine girebilirler. Bu beklentiye girdikleri an, zaten evrene beklenti sunmuş olurlar ve ters çaba kuralı da devreye girer. Farkında bile olmadan sizin dileklerinize balta vurmuş olurlar. Bundandır eskilerin hacet ve dileklerini gerçekleşene kadar bir sır gibi kendilerinden bile saklamaları. Bu işleyişi çözdüğünüz zaman her dileğinizin, her arzunuzun sahiden ve mutlaka size geldiğini görmeye başlayacaksınız. Asla istediğiniz şeyden vazgeçmeyin. Ne olmasını diliyorsanız olana kadar; onu düşünün, onu dinleyin, onunla konuşun ve sadece ona odaklanın. Çünkü çekim yasası, biz ne isek onu verir bize. Bu ince bir konu yalnız, ne istersek değil! Bu inceliği ayrıştırdığımızda, zaten her şey altın tabaklarda size kolaylıkla gelecektir. Unutmayın; düşündüğünüz, hissettiğiniz, kurguladığınız, inandığınız ve korktuğunuz her şeyi yaşamınıza siz kendiniz çekiyorsunuz. Rahat bir yaşam, sağlıklı bir vücut, sevgi dolu bir ortam, bol para ve huzur istiyorsanız yapmanız gereken sadece o duygunuza yönelmektir! Odaklanıp o duygunun içerisine adaptasyonu oluşturmanız halinde hızla istekleriniz olacaktır.

Odaklanmak deyince "Kolay mı?" dediğinizi duyar gibiyim. Şöyle örnek vereyim: Mutsuz bir anınızda, mecburen bir düğüne katılmanız gerek. Düğünün ilk bir saatinden sonra o tempoya ve neşeye siz de adapte olursunuz. Bir camiye girdiğinizde ortamın verdiği huzura hızla adapte olur, ruhsal bir sükûnete bürünürsünüz. Olay sadece istediğimiz, arzu ettiğimiz duyguya adapte olmamızla başlar ve ardından ruh halimizde buna uyum sağlar, sonrasında biz o duyguda olduğumuz için istediğimizi çekebiliriz. Yukarıda dediğim gibi biz ne olursak hayatımızda ona benzemeye başlar. Unutmayın; sadece istemek yetersizdir, harekete geçip enerji alanımızı ona adapte etmeliyiz. Arzu ettiğiniz her ne ise ona yönelin, mutlaka size gelecektir. Bıkmadan ona yönelin, onu konuşun, onu isteyin ve onu hayal edin.

***

Blokajların Nedeni Bazen Pasif Tutunanlar Olabilir

Uzun zamandır tanıdığım desinatör bir arkadaşım ile sahilde kahve içmek için hafta sonu buluşmak üzere randevulaşmıştık. Kendisi, İstanbul Kadıköy'de ikamet ediyordu ama genellikle, daha çok iş icabı, şehir dışında olurdu. İnce uzun bir adamdı kendisi. Nezaket barındıran cümleleri ile insanlara yaklaşımı ve nazik tutumuyla tam bir salon beyefendisiydi. "Zarif" kelimesi geçince ilk o gelir aklıma. Duruşundan yürüyüşüne ve ses tonunu ayarlayışına kadar yansıyan zarafetine daima derin hayranlığım olmuştur. Dünyalar tatlısı bir arkadaşımdır; adı Deniz ve adı gibi de derinlikleri cevherler ile dolu bir yüce yürektir kendisi.

Deniz ile cumartesi saat 11.30 sularında Albatros Sahili'nde kahve içmek, hasret gidermek üzere buluşmuştuk. Hava, iklim normallerinin üzerinde seyrediyordu ve şubat ayında olmamıza rağmen denizden yayılan iyot kokusu eşliğinde bahar tadında bir gün geçiriyorduk. Deniz ile sohbet ederken fark ettim, Deniz sürekli aynı olayları yaşıyordu. Sanki bir sarmalın içinde, aynı sahne durup durup yeniden başlıyor ve hayatını yöneten olaylar silsilesine dönüşüyordu. Aynı döngü içerisine sıkışıp kalmıştı. O da farkındaydı bunun ve sonunda

"Neden bunlar hep benim başıma geliyor?" diye sorunca bir an için durdum ve ardından sordum ona. "Olayların hepsi aynı senaryo, öyle değil mi Deniz?"

"Evet ya! Hep aynı şeyleri yaşıyorum. Hiç değişmiyor. Bıktım artık bu huysuz, söylediğiyle istediği birbirini tutmayan firma sahiplerinden. Neden hayatımdaki insanlar hep kendini tekrar ediyor, anlamıyorum," dedi. "Sanki hepsi bir anneden doğmuş gibi tek örnek olarak çıkıyorlar karşıma," diye sürdürdü sözlerini.

Sağ tarafında beş yaşından itibaren sürekli sakatlanmalar oluyormuş ve gariptir ki tüm hasarları vücudunun sağ tarafından başlıyordu. Kırk bir yaşındaydı ancak yaşını hiç göstermiyor, aksine yirmi beş yaşındaki bir delikanlı gibi duruyordu. Fakat bu yakışıklılığa ve muhteşem kişiliğine hayran olmayacak kadın yokken bir türlü de evlenemiyordu.

"İstersen asistanıma söyleyeyim, sana bir randevu günü ve saati ayarlasın Deniz, ne dersin?" dedim. Önce biraz durdu sonra "Peki, iyi madem," dedi. "Bak bakalım, ne var benim bu ruhumda, bilinçaltı kodlarımda? Neden her şey beni buluyor?" Hemen orada iken aradım asistanımı ve hafta içi uygun olduğunu öğrendiğim perşembe günü öğle 12.00'ye bir seans yazdırdım. Deniz de bir hayli merak etti. "Acaba neler söyleyeceksin o gün?" diye sorunca üzerine konuştuk ve ben de daha fazla bilgi vermemesi konusunda onu uyardım. Seans esnasında melekler ile çalışıp geçmiş bağlarını ve eterik kordonlarını kontrol edeceğimi söyledim. Bilmemem daha iyi olurdu ve konuyu kapattık, normal sohbetimize döndük. İkimiz de kahvemizi bitirmiştik. O güzel havanın tadını çıkarmaya karar vererek kalktık ve sahilde yürüyüş yaptık.

Perşembe günü anlaştığımız gibi ofisime gelen Deniz, seansa gireceği için bir hayli heyecanlıydı. Önce biraz sohbet edip birer Türk kahvesi içtik. Başka seanslarım da olduğundan sohbetimizi fazla uzatamadık. Biz 12.30 sularında seans odamıza geçtik. Seansın başında ilk önce tüm vücudunu toprakladım, ardından haloterapiye aldım. Yaklaşık otuz dakika boyunca tüm vücudunu negatif enerjilerden arındırıp topraklanmasını ve tüm stresini boşaltmasını sağladım.

Haloterapi tamamen doğal tuzlardan oluşan yataklarda gerçekleştirilir. İyotun solunum yoluna verdiği rahatlatıcı etki sayesinde uykusuzluk, stres, solunum yolu hastalıkları, cilt rahatsızlıkları gibi birçok problemi gidermede, akciğer problemlerini düzenlemede destekleyici ve bütüncül şifadır. Haloterapi, ciğerlerimizde oluşan bütün bakterileri temizleyerek yok eder. Hücre zarımızdan kolayca girebildiği için mineral eksikliğimizi de gidermiş olur. Haloterapi oturarak ya da yatarak yapılabilir. Ayrıca bu tarz tuz içeren terapiler, bağışıklık sistemimizi kuvvetlendirir ve topraklanmada büyük rol alır. Yedi ila on iki seans devam edildiği takdirde faydası dokuz ila on iki ay sürmeye devam eder.

Deniz, haloterapi sonrası oldukça gevşemiş ve nefesi de bir hayli rahatlamıştı. Onu bilinçaltı temizliğini yapmak üzere sedye şeklindeki diğer yatağa aldım. Yaklaşık bir buçuk saat süren bilinçaltı çalışması yapıp bilinçli bir bakış açısı ile alan yarattık yeniden. Bunca zaman tutunduğu birçok olumsuz bakış açısını olumluya çevirmek üzere çalıştık. O yatmaya devam ederken ben de artık kordonlarını kontrol ederek meleklerime uyumlanmıştım ve bulduğumuz birçok negatif yüklemeleri olan eterik kordonlarını, her defasında Deniz'e sorup, yüksek benliğinden izin alarak iptalini gerçekleştirip kesiyordum. Sonra Deniz'i ayağa aldım ve ardından da geride kalan eterik kordonları tek tek kontrol edip tüm bağları kestim. İkimiz de mistik bir enerjinin içerisinde harika dönüşümler yaşarken saatin nasıl geçtiğini anlamıyorduk. Tekrar tuz yatağına yatmasını söyledim. Yaklaşık on dakika nefes çalıştırıp kendini alfa moduna almasını sağladım. Gerekli olan her şeyi öğrenmemiz için bilinçaltı komutlarımı da verdim. Deniz fizik bedeninde iki göbek ötesine ait pasif bir ruh taşıyordu. Onu bulduğum yer ise sağ tarafıydı. Dişil bir enerjiydi. Bu pasif ruh sağ tarafında beş yaşından itibaren tutunmuş ve sıkışmıştı. Üstelik bulduğumuz bu ruhun kırk beş yaşlarında öldüğü ve Parkinson hastası olduğunu söylüyordu. Deniz'e usulca sordum "Serbest bırakmak, göndermek ister misin?" diye. Tam olarak karar veremedi hatta olayın şoku ve alışagelmiş bir durum olmaması onu kararsızlığa itti. Sonunda "Yollayalım," demesine rağmen ben o pasif ruhu ışığına, kaynağına o seansta gönderemedim. Çünkü bunu gerçekten yürekten isterse yapabilirdim.

Seansımızda artık bitmiş ve içeride tam olarak üç saati doldurmuştuk. Tekrar benim odama geçtik, kan şekerimizi düzenleyecek birkaç kurabiyeyle birlikte çayımızı içerken seansın da kritiğini yapıyorduk. "Demek benim sağ tarafım, bu yüzden hep hasar alıp ağrı yaşatıyormuş bana," dedi. "Hatta dişil bir enerjiye daha fazla sahip olduğumun farkındaydım," diye de ekledi. Yorgundu, biraz da şaşkındı. Sarıldık ve "Tekrar haberleşiriz," diyerek o günkü görüşmeyi sonlandırdık.

***

Aradan iki hafta kadar geçmişti ki mesaj yazdı Deniz bana "Müsait olunca görüşelim," diye. Seanslarım bitince aradım hemen ve Deniz'in sesindeki o şaşkın enerjinin içinde buldum kendimi. "Kevser, ne oldu biliyor musun?" dedi.

"Ne oldu Denizcim? Çok merak ettim, hayır olsun inşallah," dedim.

"Soy ağacımızı araştırdım ve babama gittim, onunla konuştum," dedi. Sesimi bile çıkarmadan dinliyordum ve en az onun kadar heyecanlıydım.

"Evet, senin dediğin gibi iki göbek ötemizde Parkinson hastalığından kırk beş yaşında ölen bir kişi varmış. Üstelik bu kişi, büyükannemin annesinin annesi oluyormuş." Dur madan anlatıyordu ardı ardına öğrendiklerini. "Bu kadın ölünce kocası dört çocukla kalakalmış ve kadın çok zenginmiş, bir hayli de mal varlığı bırakmış kocasına," dedi. "Kocası ağır depresyona girmiş ve malları yönetememiş; elinde neyi var, neyi yoksa kaybetmiş," diye devam etti. "Çok şaşkınım, hemen seni arayıp sana anlatmak geldi içimden."

Sorunun asıl kaynağını bulduğumuza çok sevinmiştim. Üstelik bir seansta direkt sonuca gitmek harikaydı benim için. Dedim ki Deniz'e "Senin evlenemiyor oluşun bundan. Bu kadın ölürken kocası ve çocuklarından ayrılamamış ve senin vücudunda tutunup pasif geçişli olarak asılı kalmış. Kocası gibi sana tutunup evlenmemen için kordonlarını istem dışı bloklamış. Bir nevi karmalarınız birbirine karışmış. Fakat o pasif ruh. Bilerek değil, kaynağına gidemediği için senin bedeninde asılı kaldığından da bunlar oluşmuş."

"Evet," dedi Deniz de. "Kadının kocasına aşkı çok büyükmüş hatta uzunca yıllar dillerden dile konuşulmuş bir aşkmış bu," diye ekledi.

"Tüm mallarını o öldükten sonra kocası kaybettiği için, senin bu denli başarılı bir iş adamı olmana rağmen karmalarınız yüzünden para blokajların tıkanmış," dedikten sonra devam ettim açıklamaya. "Bir nevi sen şu an kadının kocasının karmalarına sahip oluyorsun. Doğal olarak senin hayatın onlar ile bir karma içerisinde şu an ve bu karmayı temizlemeliyiz acilen, kaynağı bulmuşken," dedim.

Gerekli tüm bağ kesme metotlarını zaten seansımızda öğretmiştim. "Bunu ihmal etme, sürekli bağlarını kes ve o pasif ruhu kaynağına göndermek için en kısa zamanda seni seansa bekliyorum." Son hatırlatmalarımı yaptıktan sonra Deniz ile tekrar görüşmek üzere vedalaştık.

***

"Bizler kozmik kordonlar ve ışıktan iplikler ile bağlıyız evrenin uçsuz bucaksız sonsuzluğuna. Eterik kordonlarımız yaşamsal tüm bilgi akışını sağlarken şifayı aktif ettiğimiz takdirde sağlığı da aktarır fizik bedenimize. Evrenin ne denli cömert olduğunu bil ve hisset."

Vücudumuza Takılıp Asılı Yaşayan Negatifler ve Pasif Varlıklar

Bazı insanların üzerinde pasif tutunan negatif varlıklar olabilir. Bu durumlar sık görülmektedir. Kişi bilmeden görüşüp konuştuğu bir arkadaşının bile negatif alanına kolaylıkla istem dışı dâhil olabilir. İnsanların vücudunda bir tane negatif pasif tutunan olabileceği gibi bu rakam yüz tane de olabilir, bin tane de olabilir. Çünkü her gün onlarca insanla denkleşiyor ve korunmayı bilmediğimizden, birçok alana ve boyuta farkında olmadan dâhil oluyoruz. Her girdiğimiz alanla eterik kordonlarımız üzerinden enerji alışverişine giriyor, tüm alanlardan kopyalar alıyoruz. Bundan dolayı, eğer enerji alanınızda yırtık varsa ya da korunmayı ihmal ettiyseniz; herhangi bir ortamda, yolda, evde, iş yerinde ve alışverişte, bu görünmez negatifler, rahatlıkla size geçiş yaparak vücudunuza tutunabilirler.

Bu varlıklar çok çeşitlidir. Örneğin dünyada takılı kalan ölümlüler, pasif tutunanlar olarak enerji alanınıza girerek sizinle yaşayabilir. Sizin kişilik yapınızda hızla o frekansa kendini ayarlar ve hem ruhsal hem de kişilik olarak depresyon sandığınız şeyin içinde bulursunuz kendinizi. İlk başlarda içe kapanır ve sebepsizce mutsuzluk ve huzursuzluk durumunun içerisinde bir süre hapsolursunuz; uyku düzeniz bozulur, yemek yeme bozuklukları baş gösterir. Yemek yeme bozuklukları ya iştah kesilmesi ile olur ya da ihtiyaçtan fazlasını yeme gereği olarak ortaya çıkar. Etrafında bunca zaman uyum içerisinde olduğun ailenle ve çevrenle, zıtlıkların, uyumsuzlukların oluşması senin de dikkatine her şey ters gitmeye başlayınca takılır. Çünkü senin enerji bedeninde artık başka bir ruh vardır, o da kendi isteklerini senin üzerinden giderdiğinden çoklu kişilik ortaya çıkar. Yavaş yavaş etrafınızda bulunan herkes çok değiştiğinizi söylemeye başlar ve içinizdeki ses durmadan sizi yapmak istemediğiniz şeylere sevk eder. O hiç susmayan ses, değişik isteklerini sürekli olarak dile getirir ve asla susturamazsınız. Üstelik bunu kendinizin istediğini sanırsınız ve her türlü yanlışa düşebileceğiniz kapılar da böylece aralanır. Eğer bu pasif tutunan bir alkolik ise siz de hiç alkol sevmeyen biri iseniz hızla onun bağımlılığının içinde bulursunuz kendinizi. Kısacası bu beden size aittir fakat içerde beslenen pasif tutunan, yönetimi ele geçirmiştir. Üstelik siz, tüm bunları kendinizin isteyerek yaptığını bile sanırsınız. Mesela bir sigara tiryakisidir bu pasif geçişli ve senin bedeninde tutunduğundan sigara içmeseniz bile aniden tütün bağımlılığına geçiş yaparsınız. Yahut kumar alışkanlığı olabilir. Çapkınlık ya da çok eşlilik olabilir. Asabi, huysuz, geçimsiz biri olabilirsiniz. Kısacası bağımlılıklarını ve dünyada sürdürdüğü alışkanlıklarını, sizin bedeniniz üzerinden kendisi yaşamaya devam ederken sizin hayatınızın altı üstüne gelebilir. Bunların yanı sıra cinler, reptilianlar, negatif solucanlar ve tortular da enerji alanınızdan sızıp yaşamınıza dâhil olabilirler. Bu negatiflerin her on kişiden dokuzunda olma ihtimali bir hayli yüksektir ve olmayan kişi sayısı azınlıktadır. Çünkü korunan bilinçli kişi sayısı daha azdır. Bu durum eterik bedeni, fiziki bedeni ve tüm enerji katmanlarını oldukça etkiler. Ruhsal terapiler ve bioenerji ile en az üç en fazla sekiz seansta temizlenmek mümkündür.

Bioenerji ile bedenin bütün katmanlarını temizleyerek ve bu katmanlarının tamamının üzerini kaplayan aurayı güçlendirerek birçok hastalıktan korunmak mümkündür. Enerji bedenlerinin yırtıklarını onarmış ve negatif etkilere kapatmış olduğumuzdan çoğu hastalıktan, negatiflerden, pasif tutunanlardan ve diğer tüm parazitlerden kendimizi korumuş oluruz.

***

Enerji Beden Katmanlarımızı Tanıyalım

Enerji beden katmanlarımız; astral beden, zihinsel beden, duygusal beden, eterik beden ve fizik beden olarak beş bölümden oluşur. Bu enerji katmanlarımızın toplamının genel birleşimine aura adı verilir. Auramız, fizik bedenimizin kalkanı görevini görmektedir. Eğer enerji katmanlarımızın herhangi biri zayıflamış ise negatifler kolayca buramızdan içeri sızabilir. Ayrıca bu enerji katmanlarımızın zayıflaması, enerji kalkanımızda yırtılma meydana gelmesini kolaylaştırır. Bu da bizim negatiflere açık olmamız anlamına gelmektedir ki hastalıklara daha kolay yakalanmamıza neden olur. Auramız ne kadar güçlü olursa enerji beden katmanları o derece sağlam olur. Auramızı, vücudumuza giydiğimiz bir gömlek gibi düşünecek olursak; çakralarımız da bu gömleğin düğmeleri gibidir. Beden katmanlarında yırtıkların oluşmaması ve negatiflerin içeri sızmaması için bu düğmelerimizin yani çakralarımızın tıkanmamış olması da gereklidir.

Kozmik enerjiler ile bütüncül şifa kaynaklarını kullanarak önce ruhsal sonra da fiziki iyileşmeyi sağlayabiliriz. İnsanlar artık günümüzde bu şifa kaynaklarını unuttuklarından gereksiz bir panik içerisindeler. Fiziki bedenimizin ve ruhumuzun, doğuştan şifa enerjisi ile yüklü olduğu olgusunu unuttuklarından, kendi kozmik güçlerinin yeniden insanlara kazandırılması ve bunun öğretilmesi gereklidir. Vücudun ürettiği hastalığı, kişi yine kendi farkındalığı ile yok etme yetisine sahiptir. Çünkü zehrin şifası olan panzehir yine zehrin kendi içerisinde gizlidir.

Bilinmelidir ki hastalıklar ilk olarak enerji bedenimizde başlar. Hiçbir zaman ilk önce fiziksel beden hastalanmaz! Kişinin enerji beden katmanlarında yırtıklar oluştukça hastalıklar fiziki bedene hızla hücum eder. Bu gibi durumlarda ilk olarak kendi içinizde bulunan pranik şifacınızın farkına varıp onu uyandırın. Prana; yaşam enerjisi anlamındadır. Kendi içinizdeki pranik şifacınız sayesinde, sentetiklere ve kimyasallara gerek kalmadan, kendinizi iyileştirmeniz mümkündür. Enerji katmanlarınızı iyice tanıyıp onları güçlendirerek yaşamsal verilerinizi ve sağlık kalitenizi çoğaltarak yükseltebilirsiniz. Unutmayın, vücudunuzdaki hücrelerinin yarattığı herhangi bir hastalığın yine nasıl iyileştireceğini de vücudunuzdaki hücreleriniz bilir. Hem de çok iyi!

Kısacası ilaçlara sarılmadan önce, kendi içinizdeki şifacıyı uyandırıp onun kadim bilgilerinin işaretlerini takip edin. Siz öyle derin, öyle özel varlıklarsınız ki içinizde koskoca bir evren ve kadim bilgilerle donanmış bir bilge bulunmaktadır. Tüm şifa kaynakları ve bütün bilgiler yine kendi içinizdeki gizli kütüphanenizdedir. İçe dönüp öze doğru yolculuğunuzu başlattığınız takdirde içinizde uyuyan bilgenin sesini duymaya başlayacaksınız. Sizin ruhsal haritanızı bilen tek kişi yine kendi içinizde mevcut olan bilge kişinizdedir. Bu içsel yolculuğunuzu başlattığınız takdirde aşamayacağınız hiçbir ruhsal hastalık ve fiziki rahatsızlık kalmayacak, vücudunuzda barınamayacaktır. Kendinizi keşfetmek için dışa doğru değil, içe doğru yolculuğa çıkmalısınız.

***

Alanı Temizlenmemiş Biri Asla Şifacı Olamaz!

Unutmayalım, eğer siz bir şifacı iseniz her şeyden önce sizin enerji alanınız temiz olmalıdır. Eğer sizin enerji alanınız temiz değilse ve düzenli olarak negatiflerinizi temizleyip topraklanmalarınızı yapmadıysanız danışana aktardığınız enerji, danışanınızı asla iyileştirmez! Bu sadece zaman kaybı olur. Hatta danışanınızın alanındaki tüm negatif birikimler ve tortular da sizin enerji alanınıza yapışabilir. Eğer gerçek bir şifacı olmaksa hedefiniz, bir şifacı olarak -ki bu bir şifacının günlük rutininin bir parçasıdır- en az on dakika ayırmalı, sabah ve akşam olmak kaydıyla kendi enerji alanınızın gerekli temizliklerini ve aktivasyonlarını mutlaka yapmalısınız. Sizler, şifa katalizörü olarak, ilk başta kendi enerji katmanlarınızı ve enerji alanınızı yüksek tutmalısınız. Unutmayın, elleri kirli birinin yaptığı yemek hastalıklara nasıl davetiye çıkarıyorsa enerji alanı temiz olmayan şifacı da kendi enerji yırtıklarını çoğaltır ve danışana fayda sağlayamaz. Bir şifacı olmak, ilk olarak kendi enerji alanının sorumluluklarını disiplinli bir şekilde yürütmeyi gerektirir.

"Bir şifacının günlük rutini nasıl olmalıdır?" sorusuna cevap verelim o zaman.

Birincisi bir şifacı, her sabah uyanır uyanmaz kök çakrasını *aktif* hale getirmelidir. Kelebek oturuşu ile bu çakrayı çok basitçe aktifleştirmelidir. Kök çakrasını aktifleştirdikten sonra tepe çakrasından başlayıp bütün çakralarını saat yönüne doğru aktifleştirmelidir. Ardından kendini dışarıdaki bütün olumsuz enerjilere karşı korumaya almak için ayak parmağından başlayarak yukarı doğru bir fermuar çeker gibi kötü enerjilere kendisini kapatarak enerji katmanlarını korumaya almalıdır.

İkincisi ise gün bitiminde gerçekleştirilir. O gün boyunca oluşturduğu tüm bağlar, üzerine yapışan bütün negatif kordonlar kesilir ve enerji katmanları temizlenir. Mümkünse duş alınır ve ardından o gün üzerinde taşıdığı kıyafetler baştan aşağı değiştirmelidir. Çünkü ilk kendi dışımıza yapışır negatifler, ardından da enerjimizden içeri sızarlar. Evinize gelip tüm bağları iptal edip duş alarak, üzerinizi değiştirerek dışarıda bilmeden girdiğiniz bütün kötü ve olumsuz enerji alanlarından arınmış olursunuz. Duş almak da topraklanmanın en kolay halidir.

***

"Ne sormak istiyorsan, neyi merak ediyorsan elini kalbine koy ve içeriden gelen bilgenin sesine kulak ver. Bütün cevaplar yine kendi içinde saklı!"

Kod Adı Sabahat

Baharın ayak sesleri olan gök gürültüsü ile uyandım bu sabah. Nisanın son haftasıydı. Hava, *yorganı kafana çek ve yat* moduna uygun bir serinlikteydi. Kendimi yatağın tatlı sıcaklığına teslim edip, kedi misali mayışma moduna geçip az daha iç geçirmekti niyetim. Yorganı yüzümden çekip gözlerimi hafifçe araladım ve duvar saatine baktım: 08.45! O anda da geç kalıyor olduğumu fark edip fırladım yataktan. Ani bir ayılış ve uykuyu terk edişle kendime gelmiştim.

Bugün saat 10.00'da seans randevum vardı ve saat 08.45'ti. Seanslarıma aynı gün içerisinde iki randevunun dışında danışan almamak verimli olabilmem adına ödün vermediğim bir prensibimdir. Eğer bu randevuma gecikirsem öğleden sonra verilmiş randevum da akşama sarkacaktı. Bir seans en az üç saat sürdüğünden dolayı, sabah 10.00 ile 13.00 arasında ilk danışanımı alıp, ardından 14.00'e kadar dinlenip 14.30 ile 17.30 arasında da son seansımı yapıyordum. Danışanlarım, bu denli geniş zaman ayırmamdan hem çok memnun oluyordu hem de ruhsal anlamda çok daha fazla blokaj temizliyorduk. Bir an önce hazırlanmam gerektiğini düşünüyordum ki asistanım aradı. Bu beni daha da telaşlandırmış ve hızlandırmıştı. Acilen hazırlanıp, kendimi topraklayıp bir yandan da nefesime odaklanarak zihnimi yeniden sakinleştirmem gerekiyordu. Neyse ki her sabah yaptığım gibi hepsini yaptım ve evden çıktım. Ofise girene kadar beynimi alfa* moduna getirmiştim.

İş yerim evimin iki sokak ötesinde olması, her zaman bu gibi durumlardan kolaylıkla çıkmamı sağlıyor ve vaktimi trafikte harcamamış oluyorum. Böylece, İstanbul'un ulaşımda oluşan o çetrefilli çilesine şahitlik etmiyorum. Benim duygusal zekâsı yüksek güzel asistanım da benden önce her ayrıntıyı düşünüp, terapi odamı ben gidene kadar hazırlamış olur. Asistanımın hazırladığı kahvaltı tabağındakileri de bitirmiştim ve güne tam anlamıyla hazırdım artık. Saate baktım tekrar, danışanımın gelmesine on dakika vardı. Seans odasından yükselen tütsünün kokusu odama ince ince süzülüyordu. Sandal ağacının o rahatlatan muhteşem kokusu ile ruhum raks etmeye başlamıştı. Hazırdım. İçimde harika bir enerji vardı. Acaba bugün nelere dönüşüm sağlamak adına aracı olacaktım? Bugünün ilk seansında hangi yüce ruh ile selamlaşıp bedenlenecektim? Heyecanla bekliyordum.

***

Kapıyı tıklatan asistanım, Sabahat Hanım'ın gelmiş olduğunu bildirdi. İçeriye almasını, bize de taze çay getirmesini söyledim. Odama giren o tedirgin ve şahane gözlü kadın, beni anında temiz enerjisinin içine çekmişti. Bakır tonlarında düz saçları, açık kahverengi gözleri ve beyaz teni ile şahane bir yaratılış tam karşımda duruyordu. Ayağa kalkıp danışanımı karşıladım, oturması için misafir koltuğunu nazikçe çektim. Göz göze bakıyorduk

* Alfa, rahatlamış ve dinginleşmiş zihin hareketine denir.

ve yüzünde mahcup bir gülümseme vardı. Derin bir bakışa sahipti Sabahat Hanım.

Sohbet etmeye başladık. Beklentilerini, sorunlarını, benden hangi alan için aracı olmamı istediğini sorular sorarak anlamaya çalışıyor, Sabahat Hanım'a ilişkin notları alıyordum. Bir yandan da enerji bedenini okuyordum. Ruhsal olarak kendini dışarıya kapatan bu kişi, aşırı incinmekten dolayı güven duygusunu yitirmiş, insanlara inanmayı bırakalı da çok olmuştu. Gerçek bir hayvan dostu olan ve köpeği Kita ile yaşayan Sabahat Hanım muhteşem ruhuyla tam karşımda oturuyor, ben de tepeden tırnağa tüm enerji katmanlarında geziniyordum. Çaylarımız bitmiş, tanışma faslımız da sona ermişti ve artık terapi için seans odamıza geçebilirdik.

Ben bütün seanslarımda aynı heyecanı yaşarım, her yeni danışan bambaşka boyutlara açar kapılarımı. Çünkü gelen danışanlarımın biri diğerinden farklıdır ve eşsizdir hikâyesi. Gelen her insandan, ben de yeni bir şeyler öğrenirim mutlaka. Sonuç olarak, ikimiz de heyecanlı ve bir o kadar da sabırsızdık. Odaya girdiğimiz ilk an, danışanlarımın daha rahat sonuç alabilmesi adına önceliğim genelde tuz yatağı terapisi oluyor. Tüm vücudu topraklayıp gerginliğini almak için üç saat önceden ısıtılmış bir ton ağırlığındaki bu yatağı mutlaka uygularım. Tuz yatağı terapisi, yaklaşık kırk beş dakika sürdüğünden bütün beden gevşer, topraklanır ve nefes çalışmaları eşliğinde kişi yapılacak terapiye en uygun hale gelir. Bikinili gelinmesi halinde, bu yatağa yatıldığında özel taşlarının tozlaşarak hücre zarından içeri girmesi kolaylaşır ve mineral gibi güzel destekler il daha verimli bir sonuç oluşturur. Sabahat Hanım, tuz yatağı terapisi ile oldukça gevşemiş, yatağın önceden ayarlanan dereceli sıcaklığı sayesinde danışanım ruhsal dünyasını bana teslim etmişti. Enerji katmanlarını, radyestezi çubuğumun yardımı ile ayrı ayrı gezmeye başladım. Radyestezi çubuğu, ışınım duyarlılığını saptar. Enerji bedenimizin ve bütün katmanların yoğunluğunu ölçerek frekansı hakkında bilgi verir.

Radyestezi çubuğum, uzun süre sonra ilk defa çok ilginç denecek yoğunlukta bir frekans yakalamıştı. Bozuk olduğunu düşünerek odamda yedek olarak tuttuğum diğerini getirmesini söyledim asistanıma. Gelen bu yeni alet bozuk olamazdı elbette. Bir kez daha nefesine odaklanmasını söyledim Sabahat Hanım'a. O dediğimi uygularken ben de enerji bedeninin frekansına yeniden bakmaya başladım, tuhaftı. Çubuk, hâlâ aşırı denecek derecede yüksek bir enerjiyi gösteriyordu. Sabahat Hanım, doğaüstü diyeceğim enerji yoğunluğunda beden katmanlarına sahipti. Bana anlatmak istediği sıra dışı bir olay yaşayıp yaşamadığını sordum. "Yok," dedi. "Biraz düşünün lütfen, kapatın gözlerinizi," dedim bu kez. Ben asla bilinçaltı terapilerimde ya da diğer uygulamalarımda hipnoz tekniğini kullanmıyorum. Uyguladığım bütün terapilerimde yaşanan her olay gerçektir ve kişinin bilinci tamamen açıktır.

***

Sabahat Hanım tuz yatağında kırk beş dakikayı doldurmuş, ben de fizik bedeninin bütün gerginliğini gevşeterek stresini en altlara çekmiştim. Daha sakin görünüyordu; sanki uykudan yeni uyanmış bir bebek gibi narin, mutlu ve huzur doluydu. Fiziki bedeninin işleyişi yavaşlamıştı. Bu, hem enerji katmanlarını hem de eterik bedenini kontrol altına aldığını gösteriyordu. Bakışı, sesi ve nefesi sükûnet doluydu.

Bilinçaltı temizliği için diğer sedyeye alacağımı söylediğimde "Peki," dedi yavaşça, tuz yatağından doğrulttu kendini ve elimi tuttu. "Biliyor musun Kevser Hanım, ben öldüm, geri geldim az evvel. Sıra dışı bir olay yaşadınız mı, diye sordunuz ya... Hatırlamamıştım, acaba sorduğunuz sorunun cevabı bu olabilir mi?" dedi. Elimi sıkıca tutuyordu ve resmen bedenime pranik şifa aktarmaya başlamıştı, üstelik bunu bilinci dışında yapıyordu. O an anladım ki enerjisini insanlara kontrolsüzce ve farkında olmadan aktarıp bütün enerji kanallarını ve vücudunun balans ayarını sürekli olarak bilmeden bozuyordu. O kadar harika bir kalbe sahipti ki Sabahat Hanım, verici bir ruh olduğunu zaten enerji akışı ispatlıyordu. "Peki," dedim. "Anlatmak ister misiniz?"

"Olur, benim için sorun olmaz," dedi. Kendisini daha rahat hissedebileceği bir yere oturtabileceğimi düşünerek "İsterseniz koltuğa geçebilirsiniz Sabahat Hanım," dedim bu sefer.

"Hayır, böyle gayet iyiyim ben," dedi. Tuz yatağının sıcaklığını ve bedeninde oluşturduğu o rahatlamayı çok sevmişti. Yeniden uzandı yatağa, sakince gözlerini kapattı. "Nereden başlayayım?" diye sorunca anladım ki değişik ve uzun bir hikâyesi var. Hemen aklıma bu yaşanmışlığa, danışan hikâyelerimi yazdığım kitabımın içinde yer verebileceğim geldi ve Sabahat Hanım'a kayıt alıp alamayacağımı sordum. "Alabilirsiniz tabii, isterseniz kitabınıza yazabilirsiniz," diyerek o şahane kadın bana samimi bir izin verdi. Ben hızlı hareketler ile kayıt cihazımı ayarlayıp Sabahat Hanım'a "Hazır mısın?" diye sordum. O da bu küçük arada beynini yoklayıp hikâyesini netleştiriyordu. Bu odaya gelen her insan, "Sihirli Kadın'ın Sihirli Odası" diyordu ve ben de zihnin en arkalara attığı olayları bulup çıkarmanın yine haklı mutluluğunu yaşıyordum. "Belki benim özel hayatımı da bu unuttuğum durum bu kadar etkiliyordur, öyle değil mi Kevser Hanım?" dedi.

"Elbette Sabahat Hanımcığım, beyin öyle çok çekmeceye sahiptir ki içlerinde tuttuğumuz her ayrıntı, bizim reel yaşantımızda hiç ummadık bir noktayı etkileyebilir," diye cevapladım.

Gözlerini açtı, bana sıcacık bir bakış attı ve derin bir nefes alıp "Ben hazırım," dedi.

Ve kayıttayız:

Kevser Demet: Merhaba Sabahat Hanım, bana anlatmak istediğiniz sıra dışı bir olay var mı?

Sabahat Hanım: Ben, yıllar önce aşırı derece mutsuz, tüm iliklerine kadar kırgın ve her şeye küskün olduğum o dönemlerde intihar etmeye karar vermiştim.

Kevser Demet: Sizi anlayabiliyorum Sabahat Hanım, hepimizin hayatında güvenimizi sarsan, inancımızı zayıflatan ve bize kendimizi sorguya çektiren ruh emici insanlar vardır. Bazen iyi niyetle kurduğumuz diyaloglar, yaşamımıza dâhil ettiğimiz ve hatta tahammül sınırlarımızı zorlayan insanlara bile bilerek isteyerek bizler fazla aralıyoruz kapımızı. Oluşan o kırgınlık ve içine düştüğümüz ruhsal dağılma yine bizim seçimlerimiz aslında. Kim bilir, ruh, tekâmülüne böyle eriyordur belki de.

Sabahat Hanım: Ben de tam olarak öyle bir seçimimden ötürü o denli dibe indiğim bir dönemden geçiyordum. Haklısınız. Ruhum derin bir yerinden balta yemiş gibiydi. Çok canım acıyordu, çok! İnsanlar beni üzemez. Biliyorum, ben izin verdim onlara. Birtakım sıkıntılarım vardı ve hayatın yükünü artık kaldıramayacağım kanaatine varmıştım. Önce kendimce bazı vedalaşmalar yapıp ilaç içtim.

Kevser Demet: Mektup mu yazdınız? Nasıl vedalaşmalardı bunlar?

Sabahat Hanım: Hayır mektup yazmadım, planımdan kimseye bahsetmedim. Kendimce vedalardı, sadece benim için anlamı olan ama karşımdakilerin anlayamayacağı şekilde yaptım bunu. Üstelik Ramazan ayı içerisindeydik. Ben çok yüksek dozlu bir sinir ilacı içmiştim, arkadaşlarım ise ilaç kanıma karışmaya başlayınca beni sarhoş zannetti. Evde oturuyordum, küt diye yere düşmüşüm, başka bir şey hatırlamıyorum. Hastaneye kaldırılmışım. Doktorlar ilacın kana karıştığını, artık yapılacak pek bir şey olmadığını söylemişler. Kalbim durmuş, ölüm haberim de verilmiş. Sonra ben, kendimi görmeye başladım. Ayaklarımdan ruhum yavaş yavaş yükselmeye başladı ve ben bedenime yukarıdan bakıyordum. Hissettiğim duygu ise inanılmaz bir huzur ve aşırı derecede rahatladığımdı.

Kevser Demet: Peki siz anladınız mı ölümünüzün gerçekleştiğini?

Sabahat Hanım: Hayır, hiç anlamadım. Odaklandığım şey… Acayip bir rahatlama vardı, onun huzuru ile sarhoş gibiydim. O ışık diye anlattıkları şeyi gördüm ve ben yukarıya doğru yükseliyordum. Sonra dikkatlice baktım, karşımda simsiyah bir kapı vardı. Anladığım kadarıyla ben o kapıdan geçecektim çünkü ruh bedenden ayrılıp ilk buraya geldi. Birden kolumda bir acı hissettim, resmen ateş düşmüş gibi canım yandı. Ruhumdaki o rahatlama gitti, kolumdaki ateşin acısı daha ağır basmıştı. Sonra yanan ve acıyan yere baktım; gözyaşı vardı ve kafamı kaldırdım, başımda ablam duruyordu. Ölüm haberim verildiği için ablam ağlıyormuş. O ağladıkça gözünden vücuduma düşenler ateş parçası gibi benim canımı yakıyordu. Baktım, çok canım yanıyor ve ablam ağlıyor, biraz daha ben de kendime gelip bu boyuta geçince "Gidemem, ben gitmemeliyim," dedim. Sonra kendi bedenimin içine hızla düştüm. Ardından yoğun bakımda uzunca zaman uyutulmuşum. Kendime geldiğim zaman gözlerimi ilk açtığımda hemen doktoru çağırdılar. Yüzüme bakıp, yumuşak sevgi dolu cümleleriyle "Sen bir mucizesin, hoş geldin," dedi. Ben pek anlamıyordum neler olduğunu ve tam olarak net değildi hiçbir şey. Ardından toparlanmaya başladım ve taburcu olacağıma yakın, doktorum benimle özel bir görüşme yaptı. Odama geldi, ikimiz vardık. Sandalyeyi yatağıma yaklaştırıp "Bak," dedi. "Senin kurtulmuş olman bir mucize! Önce öldün, dirildin ve senin içtiğin ilaç, yüksek dozlu bir sinir ilacıydı. Felç olmaman ya da kör kalmaman da ayrı bir mucize," dedi. "Tıbba göre senin buradan bu denli sağlam çıkma şansın yoktu çünkü bütün sinirlerin hasar almış, mekanizman alt üst olmuştu," dedi. Sonra ben de ayna istedim ve kendime baktığım zaman yüzümü tanıyamadım. Şoke oldum, resmen ağzım, burnum, her şeyim yer değişmiş gibiydi, üstelik tanınmaz haldeydi yüzüm.

Kevser Demet: İçtiğiniz ilacın adını hatırlıyor musunuz?

Sabahat Hanım: Hayır, şu an hatırlamıyorum doğrusu. O ilaçtan dolayı yüzümde her şey yer değişmişti. İşte böyle bir olay yaşadım Kevser Hanım.

Kevser Demet: Peki, siz o yükseliş esnasında kaynağın ışığının ve siyah kapının dışında başka bir şey görebildiniz mi? Yoksa sadece sizin de dediğiniz gibi huzur ile hafiflik mi vardı?

Sabahat Hanım: Gözüme sanki projektör tutuyorlar gibi aşırı diyebileceğim bir beyazlık vardı. Yaşadığım en yoğun duygu buydu. O kapı da beyazlığın da ardında ve tam tersi simsiyahtı.

Kevser Demet: Siz o kapıdan içeri girmiş olsaydınız dönmeyecek miydiniz? Öyle mi söylendi?

Sabahat Hanım: Evet.

Kevser Demet: Eve döndüğünüz zaman bunu anlatabildiniz mi? Size inandılar mı? Yoksa koma halinde görülmüş derin bir rüya olarak mı yaklaştılar anlattıklarınıza?

Sabahat Hanım: Anlattım evet. Aslında ben öldüğümü bilmiyordum, sadece çok ağlıyordu insanlar. Tabii benim psikolojim aşırı bozuk olduğu için taburcu olsam da kimse bana öldüğümü söylemedi. Sadece mucize bir olay yaşandı olarak biliyordum. Kısacası ben ölmemiş olmamın mucize olduğunu sanıyordum. İnsanların ise intihar edişime ağladığını zannettim uzunca bir zaman. Hâlbuki ölmüş olduğuma o denli ağlanmış. Hatta ben "Tamam, ben bir hata yaptım ama siz beni hastaneye götürdünüz. İyileştim, kendime geldim, Üzülmeyin," dedim.

"Hayır," dediler. "Sen hastaneye gidene kadar ölmüştün ve bize senin ölmüş olduğunun teyidini de doktorlar verdi," dediler. Sonra ben olayı yaşadıkça, üzerine düşündükçe o gördüğüm geçiş yavaş yavaş hafızama geri geldi. İlk başlarda çok net olmayan görüntü, ısrarla üzerine düşününce uzunca zamandan sonra gördüğüm her şey geri geldi. Rüya mı gördüm, ne oldu ne bitti, bilmiyorum ama ilk ipucundan sonrasını artık hatırlıyordum. İnsanlar da üstünden çok zaman geçince, rahatlıkla olayların akışını bana anlatınca bende de daha netleşti görüntüler.

Kevser Demet: Hafızanızın geri gelmesi gibi bir şey mi bahsettiğiniz?

Sabahat Hanım: Evet evet, tam olarak öyle diyebilirim.

Kevser Demet: Sabahat Hanım, hayatınızda neler değişti bu olaydan sonra? Mesela kişiliğinizde bir duygu durum değişmesi, farklılaşma, başkalaşma gibi bir his yaşadınız mı? Yahut enerji bedeninizde bir fark, şifa aktaran bir kaynak olmanız gibi ilginizi çekecek ne oluştu sizde?

Sabahat Hanım: Hayata daha çok bağlandığımı söyleyebilirim ve "Demek ben şanslıyım, hayat bana istediğimi ikinci şansım olarak verecek" diye düşündüm. Tabii şunu da öğrendim; çok da kasmamak lazımmış, olmuyorsa zorlamamak gerekmiş. Evet, benim istediğimi verdi ama benim hayal ettiğim gibi mutlu olmadım. Tam tersine istediğim o şey, beni yeniden mutsuzluğa itti. Yani sizin de dediğiniz gibi Kevser Hanım, bütünün hayrına olan olmalıymış. Çünkü hayatım pahasına uğraşıp yaşama hakkımdan vazgeçtiğim şeyler, şu an beni çok mutsuz ediyor. Görülerim de açık artık, bütün insanların niyetini görüyorum, bu da üzüyor beni.

Kevser Demet: Biz tesadüf değiliz o halde.

Sonra yorulduğunu fark edip biraz dinlenmesinin iyi olacağını düşündüm. Kayıt cihazımı kapattım. Hâlâ olayların üzerine sohbet ediyorduk ve öyle olaylar çıktı ki bu durumun altından, ikimiz de bir diğer seans için aşırı bir heyecan duyup sabırsızlandık. Aslında Sabahat Hanım, enkarne edilmiş bir ruhmuş. Üstelik o ruh onun babaannesi! Elbette bunu kendisine söylemedim. En az onun kadar heyecanla diğer seansımı bekliyordum. O kadar derinlikleri olan bir hikâyesi vardı ki konuştukça, bilinçaltını fark ettikçe kendisi de hatırladıklarına inanamadı. Ayağa kalktı, sıkıca sarıldık ve "İyi ki gelmişim size, iyi ki bu rastlaşma yazılmış kaderime!" dedi. Ben de tekrar ettim, "Bizler tesadüf değiliz, ruhlarımız çok önceden selamlaştı," dedim. "Diğer seansım için çok heyecanlıyım, meğer ne çok şey varmış bilinçaltımda," dedi ve o günlük vedalaştık.

***

Sabahat Hanım'ın hikâyesinin "Enkarne Edilen Babaanne" bölümünü bir sonraki kitabımın birinci bölümünde anlatacağım.

Bundan sonra danışanlarımdan oluşan anılarımı yazacağım. Belki sonraki bölümlerde senin de hikâyen olur. Yeni bölümlerimde belki seninle kucaklaşmışımdır ve seninle benim karşılaşma hikâyemi yazacağımdır. Kim bilir?

Dokunarak çoğalmak, sevgiyle tüm bilgileri dağıtmak, ayrımsız bir şekilde her insana ayrı ayrı dokunmaktır maksadım. Rehberiniz olmak ve rehberleriniz olan melekleriniz ile sizleri buluşturmak olacak bütün çabam. Sözüm olsun ki gücüm yettiği, enerjim el verdiği sürece her durumda ve koşulda, aynı yolda tüm bildiklerimi sizlerle paylaşarak yol arkadaşınız olacağım.

Her birinizle ayrı ayrı sarılmak, rehberlerimizden mesajlar almak ümidiyle... Sevgili meleklerimden bu satırları okuyan o kıymetli yürekler ile buluşmayı talep ediyorum.

Çünkü sizlere yoldaşlık etmek istiyorum.

Belki de bu sensin! Bunu yürekten diliyorum.

Hayal et ve sarılacağımız gün için sen de meleklerinden talep et.

Sarılmak üzere.

Sonsuz ışıkla kalın...

***

Yaşam yolculuğunun sihirli deneyimlerini sen de bana anlatmak istersen aşağıdaki adreslerden ulaşabilirsin.

Instagram: **@kevserdemet**

e-mail: **kevserdemet@gmail.com**